逻辑重述

家族财富管理整体解决方案

张　钧　张晓初　赖逸凡
胡　弯　梁嘉颖　著

LOGIC
RESTATEMENT

SPM 南方出版传媒　广东人民出版社

·广州·

图书在版编目（CIP）数据

逻辑重述：家族财富管理整体解决方案 / 张钧等著. —广州：广东人民出版社，2020.10

ISBN 978-7-218-14536-5

Ⅰ. ①逻… Ⅱ. ①张… Ⅲ. ①家族—私营企业—企业管理—财务管理—中国—文集 Ⅳ. ①F279.245-53

中国版本图书馆CIP数据核字（2020）第201125号

LUOJI CHONGSHU——JIAZU CAIFU GUANLI ZHENGTI JIEJUE FANG'AN
逻辑重述——家族财富管理整体解决方案

张　钧　张晓初　赖逸凡　胡　弯　梁嘉颖　著　　　　版权所有　翻印必究

出 版 人：肖风华

责任编辑：曾白云
封面设计：WONDERLAND Book design
　　　　　仙德 QQ:344581934
责任技编：吴彦斌

出版发行　广东人民出版社
地　　址：广东省广州市海珠区新港西路204号2号楼（邮政编码：510300）
电　　话：（020）85716809（总编室）
传　　真：（020）85716872
网　　址：http://www.gdpph.com
印　　张：广州市浩诚印刷有限公司
开　　本：787mm×1092mm　1/16
印　　张：17　　字　数：283千
版　　次：2020年10月第1版
印　　次：2020年10月第1次印刷
定　　价：68.00元

如发现印装质量问题，影响阅读，请与出版社（020-85716808）联系调换。
售书热线：（020）85716826

"家族世代·家族财富管理整体解决方案实战系列"
丛书 --

主编：谢玲丽

副主编：张　钧　蒋松丞

编委会：（按姓氏笔画排序）

赖逸凡　嵩　朕　黄天晴　梁嘉颖　曹曦文

胡　弯　陈宏展　林清华　阴铭怡　李海铭

张紫欣　张晓初　张东兰　张　粟　刘　洋

《逻辑重述——家族财富管理整体解决方案》是规划中的"家族世代·家族财富管理整体解决方案实战系列"丛书的第一本,内容来自大成律师事务所及和丰家族办公室的实战经验与系统思考,其中涉及的相应理论与观点都是经过实战检验且可靠的,也是实战的基础。

该系列丛书一共三本,除了本书以外还包括《实战解析——家族财富管理整体解决方案》及《信托实战——家族财富管理整体解决方案》。丛书的核心目标是从逻辑、技术和工具三个维度出发,为具有家族财富管理整体解决方案诉求的财富家族及财富管理专业人士提供系统支持。

2018年以来,随着全球政治环境、经济环境及法律环境的变化,过往的财富管理定位、逻辑及价值处于持续转变之中,家族财富管理的舞台、路径及结构更是处于大规模重构之中。尤其是新型冠状病毒疫情在全球爆发以来,我们见证了太多的"历史",显然世界已经处于一个动荡时代。

彼得·德鲁克曾讲,"动荡时代最大的危险不是动荡本身,而是仍然用过去的逻辑做事"。这个时候中国的家族(企业)应当如何应对呢?如何让挑战成为机遇呢?答案实际上是显而易见的,转变是唯一的出路。

财富家族及专业人士最需要的转变就是形成整体解决方案的思维与能力,而且要抓住时间窗口尽快行动起来,这是最为关键的。我们在这套书中不仅尝试从家族财富管理的高度、深度及宽度为读者打开整体解决方案的大场景,也试图从规则、思路及节点等实战细节展示整体解决方案的局部样貌。这就是这套系列丛书的缘起。

我们希望能够展示的是实战深度,而非其他。其中很多观点在此前"家族世代·家族(企业)治理及财富管理实战系列"丛书、"家族(企业)法律筹划、税务筹划及财富管理的领先实践系列"丛书中多有涉及，但涉及的深度和场景有所不同。

整体解决方案是从私人财富管理、家族（企业）顶层结构设计及家族力整体提升三个层次入手的，从这个意义上讲，这套丛书实际上是对此前研究与实践的系统总结与提升。

这套丛书始终强调的是家族立场、独立视角、长期主义、专业精深、生态视角及共生信仰的价值主张，这是我们从未改变的初衷，我们一直努力让这些价值主张成为家族财富管理的共识。

在我们的持续研究中，除了要感谢团队成员的共同努力与坚持外，还要感谢广东人民出版社多年的合作与支持。同时也希望这套系列丛书是所有参与者共同奉献给中国财富家族及家族财富管理行业的一份礼物。

感恩所有的遇见！

是为序。

谢玲丽　蒋松丞
二〇二〇年四月二十一日于广州

《对话家族信托》《对话私人财富管理》及《对话家族顶层结构》构成的"家族世代·家族（企业）治理及财富管理实战系列"丛书引起了比较大的反响，但在读者中出现了两种观点，很多人认为对话的形式新颖、有趣，而又有很多人认为对话形式可能将表达体系打碎了，反而影响阅读。

我们广泛征求了意见并认真做了反思，总体感觉《对话家族信托》《对话私人财富管理》是以讨论案例为主，对话的感觉会更好；而《对话家族顶层结构》是以财富管理的逻辑探讨为主，对话形式确实会对一些刚刚入门且习惯传统阅读模式的读者产生一定的影响。所以，我们一直考虑对这本书的内容进行一些大幅度的调整，不再使用对话的形式。

事实上，《对话家族顶层结构》所强调的家族顶层结构视角也是家族管理整体解决方案的视角，所以这本书更进一步凸显了家族财富管理整体解决方案的定位；对话的表达是基于特定场景展开形成的表达系统，当拿掉这个场景时，会发现很多表达需要进行大幅度的调整，以使表达不仅观点要成立，而且逻辑要周严。

研究和服务是一个不断深入和完善的过程，基于实践出发的研究成果，一定有一个不断提升的过程，所以在这本书中我们对此前的观点会做进一步的修正。此外，我们也或增加或删减了一部分内容，所以这本书并不是简单的改写，而是一本从整体解决方案实战出发的新书。

家族财富管理整体解决方案的瓶颈是什么？一定是逻辑上没有打通，所以这本书是从逻辑出发的。也许有一些抽象，但道理自在其中。简言之，我们尝试以"家族生态系统"解决财富管理整体解决方案的高度问题，以"家族力"解决财富管理整体解决方案的深度问题，以"家族（企业）所有权结构"及"家族（企业）治

序
XU

以高度、深度与宽度打破整体解决方案的瓶颈

理"解决财富管理整体解决方案的宽度问题，实践中以此打破整体解决方案的瓶颈显然是可行、有效和可靠的。这个就是本书的纲。

家族财富管理的3.0时代就是家族财富管理整体解决方案的时代，也是家族财富管理定制的时代，把握其中的逻辑是一切的大前提。所以，我们将本书命名为《逻辑重述——家族财富管理整体解决方案》。

我们依然将内容划分为本立、道生、家和与世丰四个大的部分，依然确定了27个主题，包含了108篇文章，主线还是从背景出发走向未来，具体内容就不赘述了。

所有的一切都依托于团队的力量，团队中每一个成员都为本书的完成做出了贡献，尤其要感谢黄天晴、曹曦文、林清华、李海铭、张东兰、刘洋及张粟等团队成员的辛勤付出。本套丛书的主编谢玲丽律师及蒋松丞先生更是给予了大量的指导与支持。一并感谢！

欢迎交流与批评指正！

是为序。

张　钧

二○二○年四月二十四日于广州

Contents 目录

道生/篇

家和篇

本立篇

逻辑重述——家族财富管理整体解决方案

第1章

家族财富管理整体解决方案的逻辑与起点
——从四大挑战到家族立场

家族（企业）四大挑战之无常为常

在一般语境下所谈到的家族财富管理实际上包括家族成员、家族及家族企业三个对象，所以家族（企业）四大挑战也是针对这三个对象所展开的。

在这里借用一下"无常"的概念，也许这是很多人忌讳的话题，但恰恰又是每个人都无法逃避的现实。

"无常为常"是家族成员必须面对的基本挑战，通常涉及人寿无常、人无完人、人心难测三个演绎的维度。

人寿	人无	人心
无常	完人	难测

首先谈到的是人寿无常。在现有的认知系统下，人类很难准确预测灾难的发生，当下肆虐的新冠病毒就是很典型的例子，从某种意义上说，人类并没有真正把握自己的命运。每一个人永远都无法知道下一秒会发生什么，一呼一吸之间人们可能已经阴阳两隔。

虽然人们总想向天再借五百年，但改变不了逐渐走向衰老，更无从把握何时或以何种方式离开这个世界的残酷事实；虽然人们对健康、情感、生活、事业都信心满满且充满美好期待，但永远无力左右变化与意外的不期而至。正所谓"午前所见人，午后永不见；午后所见人，明晨永不见"。

也许觉得足够强大，但面对自然却如此渺小；也许觉得足够健康，但面对疾病却如此脆弱；也许觉得足够安全，但面对意外却如此无助；也许觉得足以把握，但面对变化却如此无力。

对人寿无常大家可能都是理解的，只是这些无常没有发生在自己身边，感受没有那么真切，总觉得与自己无关或可以侥幸，这是最大的风险。

如何理解人无完人呢？这是每一个人都应当理解并认同的常识性问题。无论是过去、现在还是未来，无论任何人，即使能力再强、再完美，也不可能做到永远英明神武；即便是满身铠甲，也总有命门所在，只要是人就一定有弱点，都有可能被击倒，甚至会在自认为不可能被击倒时被击倒。也就是说，如果将一切安排和期待寄托在个人的永远英明神武上一定是不可靠的，结局往往是令人失望的，只是结果发生得或早或晚而已。

比如，近两年传得沸沸扬扬的国内某知名公司董事局主席兼CEO"涉嫌性侵事件"，无论最终结果如何，事件本身就是对人无完人的诠释。

再比如，同样被炒得满城风雨的国内某知名手机品牌的董事长在海外赌博，输掉数亿元导致公司陷入困境的事件，不也恰恰证明人无完人吗？

在这里不探讨事件的真相，只能期待这一切不要让无辜者受到伤害，更不要让一个偶然成为公司的致命一击。

下面要谈到的是人心难测。期待善良与美好是人的本性，向往"内心柔软，相互抵达"是一个美好的愿望。但是在社会信仰普遍缺失的当下，人们的内心并不是越来越柔软，而是越来越坚硬。面对坚硬的人心，太多不应该发生的事情，却发生了；太多应当做的事，却没有人理会。

这事实上无法给予更多心的期待，心从某种意义上说是最难把握的！换句话说，实际上人是最难把握的。

无常为常，事物处于一种不确定的、持续不断变化的且无法真实把握的状态，这才是事物的真相，而这也是所有家族必须面对的重大挑战。

家族（企业）四大挑战之四期叠加

家族和家族企业面对的核心挑战就是四期叠加！这是家族（企业）财富管理必须首先正确认知的大背景。

具体而言，中国家族（企业）不仅全面进入了世代交替期、所有权更迭期、转型升级期，同时也进入了全面合规期。全面合规期的观点是我们率先在家族财富管理领域提出的，现在看来这个观点是非常重要的。全面合规事实上已经从根本上改变了很多家族的财富管理逻辑，非常有必要做持续深入的探讨。

世代
交替　　所有权
更迭　　转型
升级　　全面
合规

一般可以尝试用两条线索对上面的"四期叠加"进行探讨。

第一条线索是世代交替期与所有权更迭期。

很多中国家族企业已经进入交接班的关键期，家族企业的领导权将从创一代交给继任一代；同时，财产权益也将由上一代传递给下一代。权杖交接与财产相续虽非完全同步，但往往是相伴而生的。

这里的挑战是不言自明的。财产性权益的传承与权杖交接的挑战之大是超出想象的，更为严峻的是中国家族不仅自身缺乏经验，同时也缺乏可供借鉴的经验。如果以传承三代作为成功传承的标志，当代中国家族企业成功传承的例子几乎没有。就"道"而言，相应的理论研究极度匮乏；就"术"而言，缺少对技术最基本的认识。

从现状来看，世代交替与所有权更迭让中国家族（企业）集体彷徨且迷茫了！

第二条线索就是转型升级期与全面合规期。

今天中国家族（企业）面对的困难局面是超出想象的，中国传统家族（企业）普遍需要面对商业模式的优化、重构与创新的挑战。

优化、重构和创新说起来容易，做起来却极为艰难。究其原因，就是中国家族（企业）普遍不具备转型升级相应的关键资源能力，甚至也欠缺获取这些关键资源能力的能力。

更为重要的是，全面合规的要求在不断提速，政商关系的合规、财务的合规、税务的合规、劳动关系的合规、环境保护的合规、知识产权的合规、安全生产的合规、市场竞争的合规，等等。合规带来的最大变化是什么？全面合规对于企业而言首先是成本的提升，利润的下降，市场竞争能力的下降；其次，企业可能要面对民事责任、行政责任及刑事责任的交集，面对的不仅是彷徨与迷茫，很有可能直接面对生与死的挑战。

最为严峻的是，真正的难点在于这个全面合规是全球性的全面合规。先不去探讨法律上的正当性，就许多制裁事件而言，确实应当给中国企业敲响警钟，值得所有中国企业警醒。在全球全面合规背景下，企业面对的是复杂的国际政治、经济及法律环境，已经无法用公平与正义去思考和判断问题了。

毋庸讳言，中国家族企业都有意或无意、直接或间接、或多或少地参与到了全球化的竞争中，面对的是全球化背景下的转型升级与全面合规，对中国家族（企业）而言虽是"不可承受之重"，但来势又是如此的不可阻挡。可以肯定地说，转型升级期、全面合规期的到来对中国家族（企业）所带来的挑战和影响是极其深远的。

环境决定需求与选择。在这样的大背景下，中国家族（企业）需要的到底是什么呢？确实值得深度思考。

家族（企业）四大挑战之文化缺失与过于自信

　　商文化与家文化的同时缺失、过于自信也是中国家族（企业）面对的两大挑战。这两个挑战往往是极易被忽略的，实践中提及的并不多。

　　前两年出现的长生生物等公司的"问题疫苗"事件，实在是令人发指；近期在新冠病毒疫情之下，不法商家将伪劣口罩及其他不合格防护用品销往疫区，造成的后果是什么，难道商家不知道吗？这些都是最典型的商文化、商业伦理缺失的案例。在缺乏"诚信、责任、思利及人"等商文化的大背景下，这类事件的发生是必然的，而非偶然的。

　　家文化的重塑对于中国家族（企业）而言同样也是一个艰巨的挑战。从普遍的经验来看，除福佬及客家两大民系背景的家族对于家文化尚有相对完整的延续与关注外，大部分家族的家文化显然出现了断层与迷失。找到文化的正确方向已经不易，重塑更是任务艰巨，可以说这是一个时代背景下的现状。

　　自信是成功企业家必备的基本素养。家族（企业）发展的每一个重要时期，一定伴随着杰出家族（企业）领导者的出现。今天成功的家族（企业），无论走过的路多么的起伏跌宕，都证明了家族（企业）领导者的能力。成功企业家的自信是必然的，也是必要的，甚至可以说自信是企业家精神的一个重要内涵。

　　但是，过往持续成功的经历往往会让相当比例的中国家族（企业）领导者对自己的能力过于自信。他们往往会认为自己充满智慧，无所不知，无所不能，可谓英明神武。在当下普遍高度集权的家族（企业）中，领导者的这种自信可能带来的风险与挑战是不言而喻的。

近两年多个"首富"倒下去了，哪一个倒下去的家族（企业）与其领导者过于自信完全脱得了干系？

不仅如此，更大的潜在风险是很多家族（企业）领导者对自己家族成员的情感与品格、理性与智慧、能力与格局也过于自信了。

不难想象，没有家族文化的养成，情感的凝聚与品格的强大未必如此可靠；缺乏系统的家族教育体系，智慧与理性也很难承继；不经过真正的锤炼，能力与格局同样不可能无中生有。

一切没有经过考验的结论，都不是真正的结论！而基于未经考验的结论作出的判断与安排不仅是不明智的，而且注定是难以实现的。尤其在家族财富管理领域，家族不仅应关注当下，更应立足于未来，未来需要战胜的是人性与时间。所有的财富管理的逻辑、路径、技术与工具的选择与应用，都是基于正确的判断，过于自信往往会蒙住人们的眼睛。

从某种意义上说，无论是家族（企业）的当下，还是家族（企业）的未来，很大程度上都取决于家族（企业）领导者的判断、规划与安排，这种过于自信的确是存在巨大杀伤力的。

商文化与家文化的缺失会加大人的风险和企业的风险，而人的风险又会实质性地影响家族企业的风险，家族企业的风险同样也会诱发人的风险，过于自信将会让所有的风险放大！这些风险是很难割裂开来的，大多数情形下是共同发挥影响的。所以说，对家族（企业）挑战的因素进行全面把握是至为重要的。

问题的讨论必须回到原点：目标与方向

基于家族（企业）对于无常为常、四期叠加、文化缺失及过于自信的四大挑战的核心判断，家族应当很清楚地推导出安全、发展及延续等家族最基本的诉求，这自然就回到了保护、管理与传承并重的财富管理目标，这个逻辑是非常清晰的。通过这些年的理念传播，财富管理市场应当说基本接受了这个观点。

比如，在《关于加强规范资产管理业务过渡期内信托监管工作的通知》（信托函〔2018〕37号）中关于家族信托的定义为：家族信托是指信托公司接受单一个人或者家庭的委托，以家庭财富的保护、传承和管理为主要信托目的，提供财产规划、风险隔离、资产配置、子女教育、家族治理、公益（慈善）事业等定制化事务管理和金融服务的信托业务。

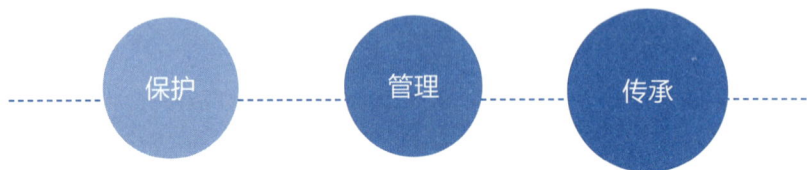

保护　　管理　　传承

就大多数中国家族而言，家族财富的传承固然重要，但家族财富的保护和管理更为真实，家族财富保护目标的实现尤为迫切，这应当是一个老生常谈的话题了。但仍有相当比例的中国家族对这个问题依然认识不清，这是非常令人担忧的。

举个例子：一个人准备从广州周大福金融中心去深圳福田中心，选择的交通方式是自己开车。有了出发点，有了确定的目标，才可以确定行车的方向与路线。换句话说，有目标才有方向！这是一个常识性问题。同样道理，回到财富管理上来，如果财富管理的方向搞错了，具体的解决方案及路径选择一定会出现问题。

一个人、一个家族或一个家族企业面对的问题通常包括重要且紧急、重要不紧急、紧急不重要、不紧急也不重要等四种情形，这个时候先处理什么问题呢？按照轻重缓急程度，首选当然是处理重要且紧急的问题。家族财富的系统性安全问题对于大多数家族而言就是重要且紧急的问题，所以"保护"目标的实现是最为迫切的，这个目标应当确定为大多数家族（企业）财富管理的出发点。

当然，很多财富管理的方案、工具及技术一定是可以同时实现多种目标的，往往具有兼而得之的效果，这当然是可能的，但一定要寻求到一个逻辑起点。

比如家族信托，基于信托财产的隔离功能，产生了极大的财富保护价值，这是基础性的，管理及传承目标的实现是在此基础上设计和衍生的。如果不是从保护出发，也许人们根本不会选择运用家族信托这个工具。这恰恰就是道理所在！

通过路径选择与工具运用的综合平衡，在家族（企业）财富管理的方案设计中确保实现首要目标，兼顾其他目标的实现是完全有可能的。

在很多人今天讨论并谋划传承百年、基业长青的时候，可能当下面对的却是基本财富安全连第二代有效传承都无法实现的尴尬，这不是很荒唐吗？家族（企业）财富管理中把握首要目标，同时兼顾其他目标的平衡是一个必须坚持的方向。

有一点需要说明的是，这两个层次家族财富管理的目标并不矛盾，也不会影响现阶段财富管理方向的把握，有一个更长远的目标反而会让家族在方向把握上更有远见。

家族财富管理的七个基础性逻辑

大家都关注财富管理的路径、技术与工具，觉得这才是关键。但如果不能在家族内部、家族与专业机构之间明确家族财富管理的基础性逻辑，并达成共识，路径、技术与工具根本无从谈起。

在家族财富管理中需要厘清并明确的逻辑有很多，而且是多层次的，下面的这七个基础性逻辑是从家族财富管理的整体考量出发的。

逻辑一：不是财富传承，而是财富的保护、管理与传承

这个逻辑强调的是保护、管理和传承三个目标要并重，不可偏废；进而在不同的环境及发展阶段，目标事实上也是有所侧重的，需要有效厘清。

逻辑二：不是私人财富管理，而是家族、家族企业与私人财富管理

这个逻辑是应当首先搞清楚的核心问题。家族成员、家族及家族企业的财富管理是一个统一体，是整体与局部、多层次的复合关系。不站在家族（企业）财富管理的角度妄言私人财富管理是行不通的，是在误导中国家族。

从家族财富管理、家族企业财富管理及家族成员（私人）财富管理三个维度进行系统性的观察、研究、规划与实施，才是财富管理的正道。

逻辑三：不是一个层次，而是三个层次

这个逻辑是我们近几年在实践和研究中逐步清晰化的。必须把握私人财富管理、家族（企业）顶层结构设计与家族力整体提升这三个家族财富管理层次。家族（企业）顶层结构设计是财富管理的抓手，家族力整体提升则是财富管理的本质与未来。

逻辑四：不是双重规划，而是三层规划

逻辑五：不是单一治理，而是双重治理

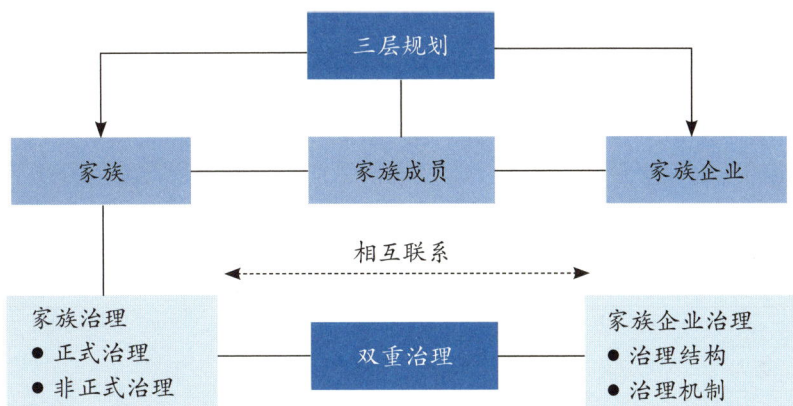

传统观点认为是"双重规划、平行治理"，即家族规划与家族企业规划的双重规划，家族治理与企业治理的平行治理。

传统研究的大逻辑是正确的，我们所讲的双重治理实际上与传统观点是一致的。在规划上，我们将家族成员的规划从家族规划中区别出来，形成了家族成员规划、家族规划及家族企业规划的三层规划格局。家族成员规划有其特定的、独立的价值，应当得到充分的重视与尊重，这个变化从实践来看是很重要的！

逻辑六：不是两项权益，而是四项权益

家族内部存在两类关系，其一是人的关系，其二是权益关系。人的关系通过治理的逻辑去解决，权益的关系在实践中用所有权结构的逻辑去把握。

通常大家更关注的是所有权及经营权，事实上控制权与收益权也是应当予以足够重视的。在家族财富管理中，要实现的是所有权、控制权、经营权及收益权的有效配置。

从四个权益出发进行权益配置在财富管理领域是一个非常重要的突破，不仅充分打开了家族财富管理中权益安排的视野，也有效拓宽了家族财富管理的实现路径。

逻辑七：不是一个点子，而是一个系统

虽然家族所面对的是系统性的挑战，但是大家可能依然喜欢或关注一个"好点子"，幼稚地认为"好点子"可以解决今天面对的所有问题。其实生活常识告诉我们，系统性问题不是仅仅依靠一个"好点子"就可以解决的，系统性问题必须运用系统性方法去解决。所以说，"不是一个点子，而是一个系统"。

厘清了这七个逻辑，原则上家族财富管理的基本路径与方向是不会发生太大偏差的。

永远保有一个立场——家族立场

在探讨家族财富管理、家族顶层结构设计及家族整体解决方案等问题时，绝对不能忽略立场问题，这是基础中的基础，关键中的关键！这就是我们一直在各种场合反复强调的家族立场。

是或者非、大或者小、好或者坏、对或者错，都是在确定立场后才可以作出判断的，依据不同的立场作出的判断是不同的。这是人们日常生活中的基本经验。

进而，不同的立场，取向不同、目标不同、选择也是不同的。举例而言，站在家族成员个人立场，某一个安排可能是一种当然的选择；而同样一件事情，站在家族立场可能是另外一种截然不同的选择。

就家族内部而言，家族立场的核心关键是平衡！这里所讲到的平衡是指以家族优先为前提的家族立场与家族成员、家庭、家族支系立场的平衡，不同的家族结构与基因存在不同的家族文化与价值判断，其选择的平衡点甚至平衡的逻辑都是不同的，很难一概而论。

平衡的核心难点在于，当家族成员、家庭、家族支系及家族间的冲突无法平衡时，应当如何处理？这时候如何坚持家族优先？有两个基本原则是要特别注意的：

其一，家族优先一定是在法律范围内的优先，而不是以侵害或妨碍另一方的合法权益为前提的。这是一个底线问题，一般也可以称之为合规性下的家族优先。

其二，家族优先通常是在区域文化及社会主流价值取向范围内的优先，家族优先的结果能获得社会的普遍认同与尊重。一般称之为价值性下的家族优先。

就家族与专业服务机构而言，应当强调的是专业服务机构的家族立场，这里的核心是"坚守"！

坚守　平衡

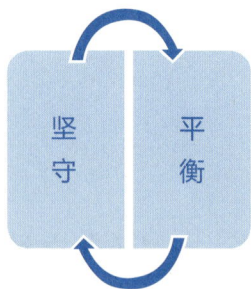

专业机构的家族立场实际上也体现在两个层面：

其一，在专业机构服务过程中，如果出现家族成员、家庭、家族支系及家族立场冲突时，应当依据上述家族内部保持家族优先的平衡原则提供专业意见。同时，机构不是为某一个特定的家族内部利益方服务的。当然，在这个过程中有一点是要特别注意的，那就是家族立场不能影响独立视角。

其二，在履行受托人义务、坚守专业准则、维护自身合法利益的前提下，服务中应当始终坚持家族为先的立场。

最近我们连续接触了两个家族的家族信托项目。两个家族都无法接受作为其家族顾问的某一家族办公室为其定制的境内家族信托，因此向其他机构寻求支持，希望能够真正实现适合家族的信托安排。

在家族信托的筹划过程中，这两个家族感觉到这个家族办公室是在利用其专业优势地位，一切从机构立场出发，而忽略了家族的基本利益。具体表现不仅是方案实现的成本问题，更重要的是该机构试图通过信托参与者权利的安排长期控制和绑架家族利益，这是他们无法接受的。

家族与机构之间建立的应当是信任与同行的关系，而不是控制与绑架的关系；机构应当从家族立场出发，而不应当从机构立场出发。这是最基本的行业良心，是从业者的本分，也是最应当的坚守！

平衡与坚守，非个人立场而是家族立场，非机构立场而是家族立场，这是家族立场要确立的两个基点！

第2章

探寻家族财富管理的高度与深度
——互为表里的家族生态系统与家族力

重新发现家族生态系统的价值与逻辑

家族生态系统的价值问题与逻辑问题在家族整体解决方案的时代一定是要持续强调和重视的。

家族生态系统在财富管理实务中有三层价值:

其一,家族生态系统是全局审视的工具。"当局者迷",走远一点,或者站得高一点去观察和思考,往往会摆脱细节与局部的桎梏,看得更全面、更透彻,也更能够保持足够的清醒与理智,这是一个很有效的基本经验。

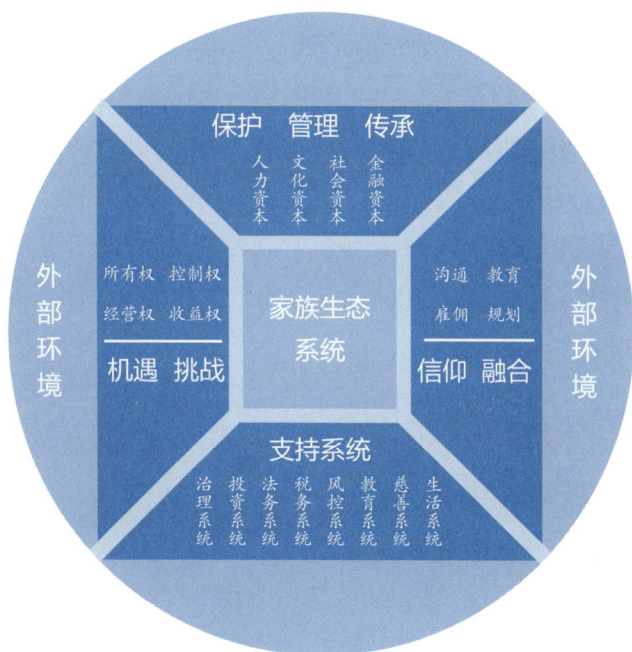

无论是对于家族问题的剖析解构，还是对于家族事务的规划与安排，都需要站在一个更高的维度上，从家族全局视角出发，通过对各类家族财富及其互动与联系的考量、对家族完整图景的刻画，建立起广泛而深刻的家族问题认知，进而寻求完整而系统的家族事务解决之道。家族生态系统就是这样的全局审视工具。

其二，家族生态系统本身也是一个解决问题的模型，完全可以运用这个模型来规划和整体解决家族所面对的系统性诉求，做到有章可循、有的放矢，绝不会无从下手。

其三，家族生态系统同时也是家族所诉求的家族事务的目标与答案本身。

如果把握不好家族生态系统，既找不到出发点，也没有路径，就无法抵达终点。离开家族生态系统谈家族财富管理，尤其是谈财富管理整体解决方案是不现实的。

同时，理解家族生态系统不能只是看图说话，而应把握家族生态系统背后的逻辑。

环境是家族生态系统存在的大背景，是一个变量，同时也是影响所有变量的宏观力量，是应长期关注的重要因素。将家族生态系统放在大环境下进行考察，才能有效把握家族成长与衰退的宏观动因，进而明确家族自身所处的境况、挑战、潜力与战略方向。

打开观察问题的维度，家族生态系统实际上存在内核与外核的区别。

以家族领导机制为核心，以法律筹划、税务筹划、财富管理、生活定制为路径，通过对所有权、控制权、经营权与收益权的平衡，运用沟通、教育、雇佣和规划的实现手段，凝聚家族共同愿景与价值观，获得把握机遇、战胜挑战的持续发展能力，构建起代际融合、文化融合、情感融合、资本融合的现代家族生态系统内核。

家族生态系统内核是具备虚拟属性的家族核心枢纽，是一种对家族深层次运行机制的认识，是实践上的指导原则，是"道"的层面的领悟与理解，是家族的"灵魂"所系。

围绕家族生态系统内核部署治理系统、投资系统、法务系统、税务系统、风控系统、教育系统、慈善系统和生活系统，对家族人力资本、文化资本、金融资本和社会资本进行保护、管理与传承，构建起现代家族生态系统外核。

家族生态系统外核是具备现实意义的家族支撑结构，是对家族事务运作逻辑的理解，是具体的实践活动经验，是"术"的层面的熟稔与高超，是家族的"肉身"所在。

家族生态系统的内核和外核与环境之间相互影响、相互制约、不断演变，并在一定时期内处于相对稳定的动态平衡状态。

我们所要构建的是一个充满活力的、平衡的家族支持系统，而不是单向的管控系统。可以说，"支持"与"平衡"是理解家族生态系统时必须把握的两个关键词，缺一不可。

微信扫码，加入【本书话题交流群】
与同读本书的读者，讨论本书相关话题，交流阅读心得

家族力——真正决定深度的答案

此前在马来西亚休假期间，团队以非常近距离的方式接触了曾经被誉为"东方洛克菲勒"张弼士的家族，以及以锡铁制品享誉全世界的"皇家雪莱莪"杨氏家族，并聆听了两个家族的家族故事。

两个家族同样发端于同时代的客家民系的核心区域——梅州大埔，同样深具客家底色。虽然号称"世界十大豪宅之一"的张弼士故居——"蓝屋"至今还在，但早已物是人非。为什么深谙财富管理之道的张氏家族已经"衰败"，而昔日名不见经传的杨氏家族却以"皇家雪莱莪"而"辉煌"至今？

家族最重要的财富是什么？是文化资本、人力资本、社会资本，还是金融资本？今天很多人会说文化资本是最重要的财富，但缺失其他资本的家族还可以称之为家族吗？既然要实现家族财富的保护、管理与传承，那么保护、管理与传承的目标又是什么呢？进而，家族（企业）真正的驱动力是什么，真正的长寿基因是什么呢？如果用家族生态系统解决家族财富管理的高度问题，那用什么来诠释或解决家族财富管理的深度问题呢？

在家族财富管理过程中，家族会逐步发现财富管理的逻辑与技术虽然可以解决家族财富保护、管理及传承过程中的各类问题，但同时也会逐步意识到财富管理不仅是对金融资本的管理，也应当是对家族的文化资本、社会资本及人力资本的系统管理，只有这样才可能真正解决家族基业长青的问题。

那么，金融资本、人力资本、文化资本及社会资本的强大且平衡的集合体，以及与这个集合体无法割裂的、维持这个集合体有效运行及充满活力的机制应当称之为什么呢？应当安一个什么名呢？就是家族力！

我们当下用"家族力"这个概念来对此进行提炼，感觉这个提炼是相对准确的，也符合当下的时尚语境。

家族力应当同时包括家族的永续生存能力——生存力，家族的持续发展能力——发展力，以及家族的核心社会价值——价值力。

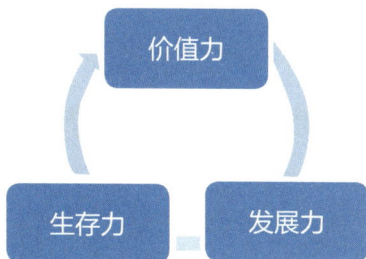

生存力和发展力比较直观，不难理解。重点谈一下价值力如何理解。这里的价值力指的是家族价值与社会价值的契合能力，家族价值对社会价值的引领能力。

从国内看到国外，从当下回溯历史，不难发现，当一个家族的家族价值与社会价值无法相互融合或者发生冲突时，这个家族就无法实现长期繁荣发展。过去没有可能，现在没有可能，未来也肯定不可能，这是由家族的社会属性所决定的。家族与社会是一个彼此认同与尊重、相互关注与需要的关系，违背了这个价值关系，家族必定会以某种形式消亡。

其实，在我们身边这样的例子非常之多。大量经营"非正常政商关系"的不可一世的家族在反腐浪潮中轰然倒下、分崩离析，为什么？究其原因就是家族的价值力出了问题。这样的家族也许可以辉煌一时，但是不可能长期融于社会，社会也难以容纳这样的家族，这种结果的发生是必然的。

家族保持家族价值与社会价值的长期契合与始终引领，既是一种家族需要，也是一种必不可少的家族能力，是家族力的核心组成部分。

有深度才会有目标与方向，离开家族力，再高妙的家族财富管理技巧都是"浮云"，整体提升家族力才是真正的答案。

互为表里——打破整体解决方案的瓶颈

有相当比例的家族自信满满地认为自家的财富管理"已经安排好了"，且"一切尽在掌握之中"，但为什么到头来还是任何问题都解决不了，在风吹草动之下就已经鸡飞狗跳，甚至所谓的"安排"本身就引发了诸多新的家族矛盾和问题？很多家族为什么在进行家族财富管理的过程中，对很多问题把握不准，甚至有些规划和安排的方向与路径从根本上都是值得商榷的，是错误的呢？

当下已经是家族财富管理的3.0时代，从行业发展角度可以称之为生态时代，但从服务本质来看实际上是整体解决方案的时代。如何给出家族财富管理的整体解决方案呢？为什么给出的整体解决方案无法落地，解决不了任何实质性和根本性问题呢？其中的瓶颈到底在哪里？是单纯的工具与技术的问题吗？

实践证明，家族财富管理整体解决方案解决的是家族的系统性问题，解决的成败决定于系统性能力，系统能力的高度和深度决定了整体解决方案的效果。我们已经在多个场合介绍过家族生态系统及家族力的价值与逻辑，家族生态系统事实上可以解决其中的高度问题，家族力事实上可以成为解决深度问题的抓手，只有对二者同步把握，才能既把握框架与整体，又洞悉本质与方向。

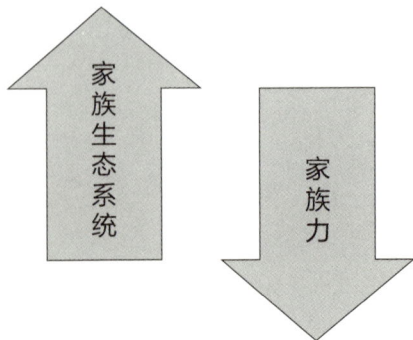

家族生态系统　家族力

这其中的逻辑关系其实并不复杂，但是家族或财富管理服务机构的认识是否真正达到了这个层次，或者说虽然认识达到了，但是否有这样的耐心与远见，放下浮躁，扎扎实实地按照这个逻辑去解决问题呢？从目前的现实状况来看，实际上是存在极大不确定性的。因此，下面这三个观点是值得充分关注的。

其一，只有构建健康有序的家族生态系统，才可能获得更强大的家族力；只有拥有更强大的家族力，才可能持续优化家族的生态系统。这里表达的家族生态系统与家族力互为表里的关系是深刻的，也是重要的，是必须予以足够重视的。

其二，就当下而言，系统性能力的缺失与系统性问题已经成为一对核心的矛盾，无疑形成了家族财富管理的瓶颈。在家族财富管理整体解决方案的时代，没有一套完整的系统性理论与工具是突破不了这个瓶颈的，没有一个清晰的价值判断是找不到方向的。发现、发挥家族生态系统及家族力的价值并实现价值的回归是最有效的破局之策。

其三，就未来而言，家族必将走出对财技的关注与执着，而进入对家族力这一关键价值的持续追求，这也是财富管理的理性回归，这个趋势已初露端倪、不可阻挡。在这个时候，共同为家族找到一个对的方向，发现一条对的路径，找到真正的目标，不仅是每一个家族成员与专业人士的本分，也是一件对家族、对社会功德无量的事情！家族生态系统及家族力就具有这样的价值！

上面这三个观点就是建议中国家族及家族财富管理行业持续关注家族生态系统及家族力的现实意义，其中的核心要义就是：家族必须构建具有高度和深度的系统体系与能力。

遗憾的是，人们目前对于家族生态系统及家族力的关注度还是远远不够的，依然需要家族与专业人士共同努力去倡导和推动！

第3章

将理论演变为行动准则
——三层规划、双重治理的底层逻辑

家族核心理论探讨之特殊资产与家族涉入

社会普遍都认同家族企业是一种特殊的企业类型。家族企业具有家族特殊资产、家族涉入、利他主义及特殊代理四个一般企业不具备的特点。

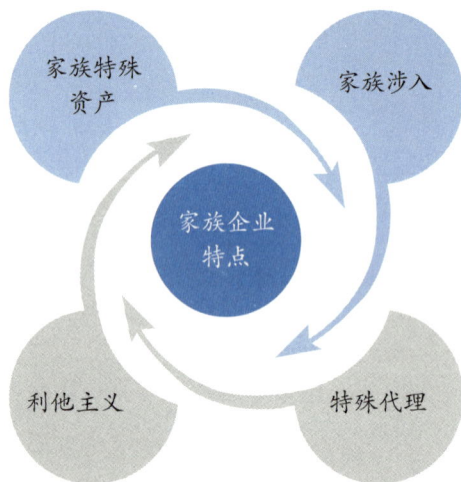

通常所讲的家族一词实际上包含了家族成员、家族及家族企业三个对象，三者的关系相对复杂，是互相关联且互相影响的，这些复杂关系恰恰就是形成家族企业特点的根本原因。

家族特殊资产是家族企业最重要的特点。

主流观点认为家族特殊资产最为核心的是家族精神，此外还包括政商关系、社会的普遍认同、领导人的特殊才能、品牌与特殊技能以及秘而不宣的竞争优势等。

巴菲特的兴趣与能力决定了伯克希尔·哈撒韦公司的传奇与成功；乔布

斯超乎想象的天才创意，以及矢志不渝的热情是苹果公司成功的关键。

又如，政商关系在新兴市场国家发挥较大作用，家族企业热衷于构建政商关系网络。不过，"关系"这类特殊资产虽能为企业带来价值，但是保有和传承极其不易。若过于依赖政商关系，一个主要家族成员退休或离去不但会对家族事业造成影响，甚至会对关系网中的其他成员企业产生深远影响。

家族特殊资产对于家族（企业）的重要性是不言自明的，而这些特殊资产的最终拥有者就是家族成员及家族。

可以非常清楚地看到，但凡能够脱颖而出的、传承久远的家族企业一定拥有不同类型的特殊资产。但另一个值得注意的现象是，不同类型的家族特殊资产的可传承性、传承难度、传承方式、传承路径是存在较大差异的。

家族涉入是家族企业的第二个显著特征。

家族涉入是指家族持续向家族企业投入人力资本、文化资本、社会资本和金融资本，对家族企业的所有、控制、经营、收益、文化等方方面面产生不同的控制与影响，并产生一连串由家族成员或家族利益共同体涉入家族企业的行为或理念，最终影响家族企业的成长与发展。

家族涉入存在正式涉入与非正式涉入两个途径，正式涉入指所有权涉入、控制权涉入及经营（管理）涉入等，非正式涉入包含家族意愿涉入、家族精神涉入、家族文化涉入等。

家族的梦想、福利、声誉与家族企业紧密相连。企业就是家族的写照，企业的价值观、文化与使命很多时候就是家族固有的价值观、文化与使命。家族精神之使命、责任甚至信仰往往促使家族对家族企业不计代价地投入与牺牲。

而且，家族长期投入的各项资本，对家族及家族企业社会地位、名声与关系网络的传递，是有利无害的，家族有动力进行长期投入。

总之，家族涉入是一种必然。对于每一个家族企业而言，区别只是涉入程度及约束机制的差异而已。

进而提出的问题是，家族涉入意味着什么呢？

全球家族企业的实践都证明了一点：家族对家族企业在一段时期不断地投入、渗透后，家族涉入或者转化成深刻而有活力的优势资源与能力，促使家族企业形成其独特的优势；或者适得其反，导致了比比皆是的家族冲突、家族成员控制权争夺、家族企业战略失误，等等。家族涉入所形成的优势或冲突只在毫厘之间，是利弊参半的。

成也此，败也此！因此对家族涉入的管理是非常有必要的。

家族核心理论探讨之利他主义与特殊代理

家族企业除了家族特殊资产、家族涉入这两个显著特点外，所具有的利他主义及特殊代理也是一般企业不具备的特点。

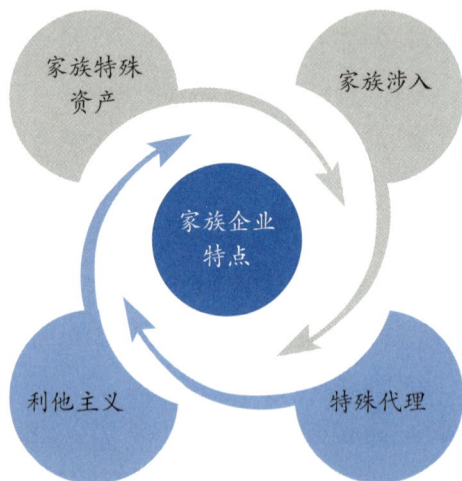

利他主义是家族企业的第三个显著特点。

家族成员的利他主义，可以理解为家族企业的家族成员基于血缘或姻亲关系而普遍具有的向其他家族成员提供精神支持、物质帮助或其他资源，以增加其福利的倾向。这个概念有一点抽象，但并不难理解，有几点是必须要注意的：

第一，利他主体和利他对象是以血缘或姻亲为纽带联结起来的家族内部成员。

第二，家族成员为了提高其他家族成员的福利，可以采用的手段或者方式包括精神上的关爱、鼓励，也包括物质上的给予和支持，还包括无形资源的言传身教等。

第三，在家文化的影响下，家族成员之间的关爱、帮助和支持具有普遍性。但家族成员之间的利他主义会因为亲缘关系的疏近程度不同而在利他强度上有所区别，并随着亲缘关系的变化而变化。

第四，家族成员在利他意识支配下，产生具体的利他行为，进而对家族企业的治理产生直接或间接的影响。

从经验来看，家族成员在家族企业中的利他主义演绎得非常复杂。家族企业的利他主义倾向产生的正面效应是很明显的：

- 有助于家族成员间的沟通与交流、理解与包容，建立信任与合作；
- 有利于增强家族成员责任感、使命感，维护家族企业利益；
- 有利于家族成员进行自我激励，提高效率，降低代理成本；
- 有助于培养家族企业的接班人，实现代际传承。

在发展初期，家族企业在利他主义的作用下往往能够获得快速发展。

但另一方面，一旦利他主义的利他方向、利他水平、利他强度不平衡或不对称时，则会引起家族成员的偷懒、搭便车、利益冲突、机会主义行为及导致撒玛利亚人困境等对家族企业的负面影响。

因此，在一个长远的周期中，利他主义好比一把双刃剑，既能够促进家族企业的成长，也能够阻滞家族企业的发展。

特殊代理是家族企业的第四个显著特点。

传统的代理理论要解决的是所有权与经营权分离的情况下产生的道德风险和代理成本问题。家族企业的特殊之处就在于两权的高度融合，即家族企业通常都是以所有权及经营权的统一归属的形式存在的。

真实情况确实如此吗？

随着家族企业的不断扩张，越来越多的家族企业的经营权实际上是由家族成员与职业经理人共同执掌的，甚至是由职业经理人执掌的，如美的集团就是很典型的例子。从这个意义上而言，家族企业也存在非家族企业存在的代理问题。

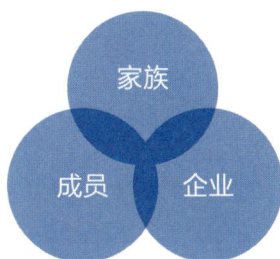

家族成员在家族中的地位是一样的吗？是否全部家族成员都进入家族企业？家族成员在家族企业中的地位是一样的吗？所有家族成员都是家族企业的股东吗？所有家族股东都参与家族企业的经营吗？家族股东的股权都是一致的吗？答案显然并不难发现。

也就是说，在家族企业中事实上是存在家族内部的代理行为的，这是一种特殊的代理。

家族企业的特殊代理问题是一个非常敏感且复杂的话题，是家族（企业）治理、顶层结构设计及整体解决方案中要重点关注的核心问题。

趋利避害：从家族特殊资产到"三层规划"

对家族特殊资产、家族涉入、利他主义及特殊代理等四个显著特点的探讨，除了对这些特点本身的研究外，还有一个重要目的是为了深入理解"三层规划、双重治理"的家族（企业）治理的逻辑背景。

家族的特殊资产重不重要？当然重要，但当家族企业的发展过于依赖家族特殊资产而忽略市场因素和竞争环境时，家族特殊资产也许会成为家族企业发展的一种桎梏。

冯骥才先生早年写过一篇中篇小说《神鞭》，很精彩。小说的大体内容是：生活于清朝末年天津卫的主人公"傻二"从小苦练"辫子"功，神出鬼没，堪称武林高手，号称"神鞭"。但是，清帝退位，民国来了，辫子剪掉了，怎么办？此后主人公消失了，当若干年后主人公再现津门时，已经成为一名军人，而且是一名出色的"神枪手"，主人公很豪迈地说道：辫子没了，但"神"还在。

这个例子引用到家族特殊资产上很有寓意，特殊资产的核心本质是什么？家族（企业）如何抓到特殊资产的"魂儿"才是最为关键的。

要知道，家族特殊资产本身会随着时代的演进而变化和发展，家族特殊技能的价值可能会发生很大的变化，有些特殊技能可能已经不为社会所需要。比如：锔锅锔碗是一门很有技术含量的技能，但是现在还有多少人有这样的需要？所以"锔"这项特殊技能的经济价值其实已大大弱化，其只有文化上的价值，"锔"本身不可能继续作为家族特殊资产而存在了。

仔细想来，其实"锔"这项特殊技能的"魂儿"是家族对于技术的尊重与信仰，只要始终保持家族对技术的尊重和信仰，家族一定会在不同时代形成不同时代下的特殊技能。

问题的核心是如何养成、创新并长期保有家族特殊资产，并平衡好家族特殊资产与家族企业的关系。

就家族涉入、利他主义及特殊代理而言，毫无疑问这三个特点也是大多数家族企业迅速崛起和发展的重要动力。但是，从长周期来看，三者的负面价值应当如何约束与管理，实现趋利避害呢？

此前学界提出的对策是"双层规划、平行治理"下的家族治理，而我们则在此基础上提出了"三层规划、双重治理"。双重治理与平行治理的逻辑是完全一致的，那为什么要提出"三层规划"来呢？

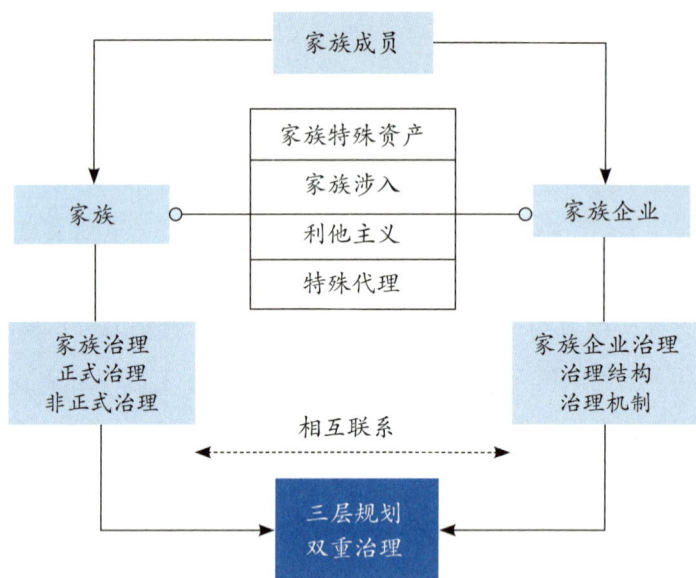

传统双层规划以家族与企业为对象，通常将家族成员的个人规划纳入家族整体规划中予以考虑。但是，家族成员的个人规划并不当然与家族整体规划相契合。

一方面，家族基于血缘、性别、年龄、天赋等复杂因素，对于不同家族成员的期待与定位是有显著差异的；另一方面，不同的家族成员对于自己的定位，对家族的期待，以及基于复杂因素在家族内部及家族企业形成的角色、影响力、责任和使命等也是不同的。

上述这两方面的差异性就决定了家族成员个人规划应当独立于家族与家族企业的规划。

从实践来看，三层规划以家族成员、家族、家族企业为对象，以个人主义、家族中心主义、家族企业中心主义的冲突协调为目标，解决家族（企业）的现实问题显然更为合理且有效。

必须长期坚持的行动准则

很多家族已经深刻地认识到必须采取一些有效的行动，为家族（企业）的未来做一些事情，但总是感觉千头万绪，无从下手。为什么会这样呢？答案其实就在"三层规划、双重治理"之中，而永远不可能在家族更感兴趣的"财技"之中，千万不要舍本逐末。

三层规划是指对家族成员、家族、家族企业的价值观、意愿、战略、财富管理、治理需求进行同步规划；双重治理则是指对家族治理与家族企业治理的同步治理。这是一个非常宏大的话题，首先应当把握其中的基本脉络。

规划对象	价值观	意愿	战略	财富管理	治理需求
家族成员	家族自豪感、责任感	个人意愿	个人战略规划	个人财富管理	
家族	家族精神	家族意愿	家族战略规划	家族财富管理	家族治理
家族企业	企业文化	企业意愿	企业战略规划	企业财富管理	家族企业治理

三层规划和双重治理具体可以归纳为五步，也可以理解为五个方面的内容：

第一步：价值观规划——培养家族成员的家族自豪感、责任感，提升并固化家族精神，建立和发展与家族精神相匹配的企业文化。

这里要注意价值观的形成需要时间的积累与沉淀，并不是一朝一夕即可实现的。在此过程中，个人价值观、家族价值观、企业文化三者之间是会不断调整与转化的。

价值观的统一是基础中的根本，不仅家族成员之间的价值观应协调与统一，家族成员与家族整体的价值观也应统一与协调，家族价值观与家族企业文化之间更应实现统一和协调。

第二步：愿景规划——明确家族成员的个人愿景、家族愿景、家族企业愿景的需求，并进行不同层面的规划。

愿景就是理想，也可以理解为最终目标，不同主体的理想显然是存在差别的，很难实现统一。这里要解决个人愿景与家族愿景、家族愿景与企业愿景之间的冲突，以实现家族成员、家族、家族企业愿景规划的协调与融合。

第三步：战略规划——家族成员的个人战略规划、家族战略规划及家族企业战略规划。

个人战略规划如何影响与服从于家族战略，家族战略如何涉入家族企业战略，家族企业战略如何实现家族战略目标，同时又支持家族成员的个人战略的实现，这些都是关键要点。

家族企业战略规划大家往往是很重视的，最起码是逐渐重视的，家族战略规划及个人战略规划往往是缺失的，但家族企业、家族及个人的战略规划却是相互影响、相互服从、相互支持的复杂关系，把握起来并不容易。

第四步：财富管理规划——家族成员的个人财富管理、家族财富管理及家族企业财富管理。

这里要强调通过整体解决方案，从私人财富管理、家族（企业）顶层结构设计及家族力整体提升三个层次系统实现家族的财富目标。

从规划层面看，家族需要的是从整体规划和整体解决方案出发，在整体规划下如何在不同的层次或局部分解实施则是另外一个层面的问题。

第五步：双重治理——家族治理与家族企业治理。

这里要注意应以正式治理与非正式治理为手段，以家族大会与企业股东大会的同步治理，以家族理事会与企业董事会的同步治理展开。

治理一定要有抓手，就家族而言，建立并有效运行家族委员会及家族理事会是关键；对家族企业而言，规范股东大会及董事会建设与运营是前提。

三层规划、双重治理不仅是家族整体解决方案与家族企业顶层结构设计的重要基础逻辑，更是一个长期的重要行动准则，应当将每一个家族未来的财富活动都纳入这个系统之中。

第4章

围绕家族特殊资产展开的实战思考
——整体提升是唯一可以选择的道路

厘清家族特殊资产与关键资源能力的关系

但凡发展与传承较为成功的家族企业都有一定的共同特点，例如：通常都有能力突出的家族领导人、社会认同度较高、关注家族（企业）文化和家族（企业）治理等。毫无疑问，家族（企业）的共性和规律是家族（企业）研究和把握的重要内容，也是研究的核心价值所在。

但是，家族企业的共性并不是应当面对和研究的全部，每一个家族都具有某种程度的唯一性，都有自己鲜活的个性或者"基因"。恰恰是这些个性与共性共同决定了家族及家族企业的荣辱兴衰。这些个性和共性都可以视为家族特殊资产。

政商关系　　　　　　　　　　社会的普遍认同

领导人的特殊才能　　　　　　品牌与特殊技能

家族特殊资产

秘而不宣的竞争优势　　　　　家族精神……

家族企业研究领域的核心观点认为，站在家族企业角度来看，家族特殊资产是家族与家族企业的核心资产，是确保家族企业持续保有竞争优势和基业长青的关键资源能力。同时，也应当注意到，在家族企业经营管理中人们对家族特殊资产的关注度事实上并不高，日常更多提到的是关键资源能力，二者的关系到底是怎样的呢?

家族特殊资产是在家族及家族企业治理研究领域普遍关注的一个概念,是家族企业的四个重要特征之一,是非常受重视的;而关键资源能力是商业模式研究领域非常关注的一个概念,是商业模式的核心要素之一,更多是从商业逻辑出发进行观察的。换句话说,家族特殊资产是企业治理层面的概念,而关键资源能力则是企业经营层面的概念。

关键资源能力是企业发展必须具备的资源和能力,比如:高科技企业的科研能力、技术成果及研发团队是最核心的关键资源能力,而房地产企业最核心的关键资源能力是政商关系与融资能力。关键资源能力往往是有行业共性的,比如说进入某一个行业就必须拥有特定的、必须具备的资源与能力,否则是无法在特定行业生存和发展的。

换个角度来看,并不是所有的家族企业的关键资源能力都属于家族特殊资产,比如:资产规模就不是这里所讲的家族特殊资产,但可以成为一种家族企业的关键资源能力。

但家族特殊资产往往会转化为家族企业的关键资源能力,这种转化水平对于家族企业的成功是至为关键的。对于家族企业而言,家族特殊资产不仅是关键资源能力,从某种意义上讲更是形成家族企业关键资源能力的源泉,是更为本质的"种子"。

之所以在一些场景中用关键资源能力这个词去诠释家族特殊资产,只是为了让大家更易于从家族企业角度理解家族特殊资产的重要性。当一个"特征"既属于家族特殊资产,同时又属于家族企业的关键资源能力时,称之为家族特殊资产可能更符合其本质属性。

总体来说,家族特殊资产与关键资源能力是有关联、有交叉的,但显然不是同一个层次的概念。对家族特殊资产与关键资源能力关系的梳理可以形成两层价值:其一,可以促使家族更为主动地向家族企业有效导入特殊资产;其二,可以推动家族企业发现形成关键资源能力的更多路径。当然,这两个价值的实现程度不仅取决于家族(企业)的认识程度,更取决于家族(企业)治理的能力和水平,同时也会受到家族(企业)所有权结构的影响。

内部与外部，过去与未来，家族精神的价值与优势

家族特殊资产虽然包括家族精神、政商关系、社会的普遍认同、领导人的特殊才能、品牌与特殊技能以及秘而不宣的竞争优势等，但是我们通过大量的观察与研究发现，家族精神才是最核心的家族特殊资产。

这一点在家族（企业）治理领域是达成普遍共识的。近几年，随着家族治理及家族财富保护、管理与传承的兴盛，中国家族对于家族精神的认识水平与重视程度也日趋提升。

家族精神主要指的是家族的核心价值观、愿景、使命、理念等。不仅所有家族成员必须认同家族精神的价值，而且通常家族精神通过家族涉入也会转化为家族企业文化。其他利益相关者，包括员工、消费者、合作伙伴、政府与社会也应当认同这种价值。

所以，业内有"家风，才是真正的家族不动产"这一说法，就是这个道理。

家族精神这个"家族不动产"可以产生两个价值，一个是家族内部的价值——一种家族持久的、强大的凝聚力，另一个是家族外部的价值——社会的、时代的长期尊重与认可。

进一步观察我们会发现，家族精神往往还意味着两个层面的优势，一是让家族和家族企业能够始终面向家族"过去"的使命与传统，另一个是让家族及家族企业保有"未来"长期发展的动力与能力。从这个意义上讲，家族精神是家族企业传承与创新之间的绝佳平衡器。

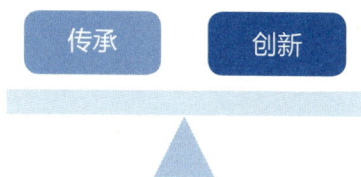

如果从家族力的研究视角出发，站在生存力、发展力及价值力这三个家族力要素角度观察，家族精神实际上是家族价值力的核心要素，同时也是家族生存力与发展力至关重要的影响因素。

所以说，家族精神是最为核心的家族特殊资产，也是全球成功家族（企业）无一不具备的家族特殊资产，这个判断是准确的。需要注意的是，基于社会文化与传统、制度与环境、家族历史、家族企业所处行业等因素的不同，不同类型的家族企业所依托的家族精神是具有显著差异性的。

事实上，还有另外一个视角值得我们重视。家族精神优势的长期保持，需要持久地实现家族内部成员的长期共识与有效传承，同时也需要得到社会的长期尊重与高度认可，这都是比较难以实现的。因此，家族精神亦是最难以保持与延续的家族特殊资产。

而最为困难的是家族精神的养成，往往需要家族整体力量的持续投入。从这个意义上讲，家族精神也是最难具备的家族特殊资产，对于每一个家族而言都是弥足珍贵的重要家族财富。

毫不夸张地说，家族精神既是不同家族成长的分水岭，也是不同家族企业发展的分水岭。

有一个现象需要引起注意，家族精神作为核心家族特殊资产的价值虽然被发现了，关注家族精神的家族从数量上来看也越来越多，但系统梳理一些国内家族的家族精神后会发现其中更多的是朗朗上口的家族口号，往往不具有世代保持与延续的价值基础。这不是一个好现象。

显而易见，中国家族对于家族精神的认识与把握，一方面受社会文化因素所制约，另一方面也受家族（企业）治理水平所制约，家族精神的养成不可能平地起高楼，中国家族无疑还有很长的路要走。

值得庆幸的是，中国家族已经走在了路上，这就是希望所在！

家族特殊资产中的政商关系及社会的普遍认同

政商关系既是一项重要的家族特殊资产，也是一个非常敏感的话题，谈及与处理时都要小心翼翼，但显然这又是一个无可回避的重要话题。

世界各地区的家族（企业）在发展与扩张过程中都存在非常明显的政商关系烙印，如欧洲的罗斯柴尔德家族，美国的洛克菲勒家族、J.P.摩根家族、杜邦家族，日本的三井家族，中国香港的李嘉诚家族，中国台湾的五大金融家族，等等。

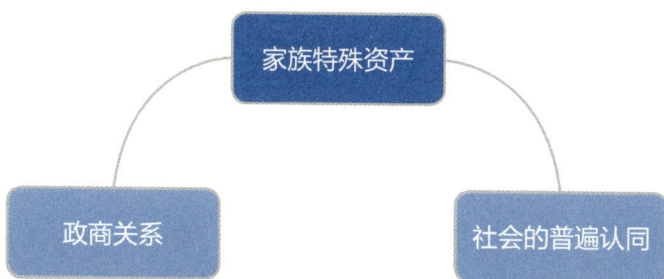

同样，中国商家历来关注政商关系，明、清时期尤甚，晋商、徽商等商帮的发展与政商关系是密不可分的。改革开放40多年的发展历史中，家族（企业）大多也对这种关系非常重视，普遍地存在过于紧密的政商关系。

政商关系的优势在于家族（企业）可以迅速掌握信息甚至资源，获得先机从而推动家族（企业）发展壮大；但过于紧密的政商关系也会导致家族（企业）面临危机。

拥有"台湾第一豪门"名号的鹿港辜家，借助政商关系在历经日本殖民、国民党执政及政党轮替时期而不倒，在历次经济改革中都因掌握信息优势而获得先机发展壮大。但是辜家传承至第四代时，政商关系的双刃剑效应显现，过于依赖政商关系加上脆弱的传承路径，最终导致辜家传承受阻，两度分家。

近几年大批辉煌一时的国内家族企业倒下去，很多与过于紧密的政商关系是脱不了干系的。

国际经验显示，保持适度的政商关系，同时让家族特殊资产各要素实现平衡是成功家族企业的基本特征。如适度的政商关系与企业品牌优势匹配，适度的政商关系与创新能力相匹配等。可以肯定的是，要想持续保持家族企业的实力，只有依靠家族与家族企业自身的努力与创造，而不是也不能依赖政府给予的"特殊关照"。

政商关系具有双向作用力，中国家族（企业）对此一定是感同身受的。近两年我们也欣喜地看到很多国内的成功家族（企业）都在努力构建新型政商关系，这是一个非常好的现象。构建新型政商关系对家族（企业）而言也是重要的一堂课。

社会的普遍认同是重要的家族特殊资产，是家族（企业）存在和发展的前提，更是家族价值力的重要内涵。

家族（企业）应当获得的社会普遍认同，实际上应当包括三个层次：

其一，最为核心的层次是社会对家族精神、家族文化及家族信誉的普遍认同，也就是对家族核心价值的认同；

其二，社会对家族及家族企业社会责任的普遍认同，也是很重要的层次；

其三，最为直接的层次是家族企业员工、供应商、消费者以及政府等利益相关者对家族企业的产品与服务的普遍认同。

社会的普遍认同在为家族（企业）带来巨大回报的同时，也会促使家族（企业）更具耐心地投资与发展。不仅如此，这种社会的普遍认同对价值力的决定性影响以及对家族力的影响是颇为值得关注的。毫不夸张地说，社会的普遍认同是家族安全与发展的前提。

家族（企业）不仅在社会的普遍认同的认识层次上存在显著差异，而且在获得社会普遍认同的能力上更是存在巨大差异，长远来看，这是家族（企业）之间拉开距离的重要影响因素。

家族特殊资产——品牌与特殊技能、领导人的特殊才能

在各类家族特殊资产中，除了讨论较多的家族精神、政商关系及社会的普遍认同外，品牌与特殊技能、领导人的特殊才能这两类家族特殊资产也是应当长期关注的。从表面来看，这两类家族特殊资产似乎与家族（企业）的成功具有更加显而易见的、直接的关系。

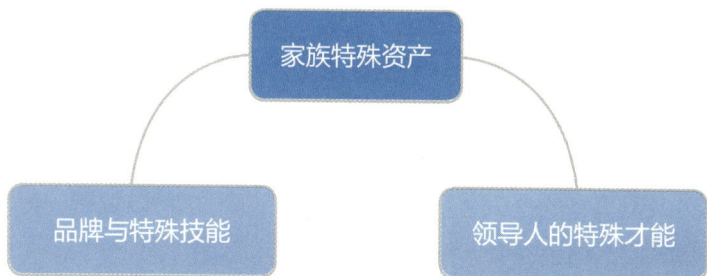

创立于1839年的百达翡丽（Patek Philippe）是瑞士日内瓦仅存的家族独立经营的制表商，始终致力于设计、开发、精制并装配出世界上最完美的设计作品，也是全球唯一采用手工精制且可以在原厂内完成全部制表流程的制造商，始终如一地坚守着钟表的传统工艺。瑞士钟表界称这种传统制造手法为"日内瓦七种传统制表工艺"，意即综合了设计师、钟表师、金匠、表链匠、雕刻家、瓷画家及宝石匠的传统工艺。百达翡丽这个品牌，以及坚持在家族运营下长期保有的精湛技艺是百达翡丽的核心特殊资产，也是百达翡丽基业长青和延续家族荣耀的关键。

如何让品牌与特殊技能这类家族特殊资产在家族（企业）中发挥更大的价值呢？

通常认为单一家族特殊资产，其作用的有效发挥往往具有不确定性，品牌与特殊技能这类特殊资产同时还应当有与其互补的其他特殊资产作为平衡

与控制，如家族开放的经营管理模式或家族领导人创新能力等，避免家族企业过于偏重品牌与特殊技能，而疏忽了市场的变化与竞争的态势，使家族企业陷入困境。

打开时代的记忆会发现，改革开放以来国内已经有一大批有品牌与特殊技能的家族企业辉煌一时后迅速"倒掉"，这与其过于偏重品牌与特殊技能而疏忽了市场的变化与竞争的态势是密切相关的。

家族领导人的特殊才能是一个极具特点的家族特殊资产，具有很强的不可复制性。

家族命运与家族企业的命运是息息相关的，无论是创始人，还是历任接班人，如果家族做不到人才辈出，家族（企业）就很难逃脱逐步走向没落的命运。

这个结论可以从中国香港、中国台湾、新加坡等东南亚华人家族的兴衰史中得到非常直接的有效证据，其实世界范围的家族案例的结论也是完全一致的。

事实上，每个人的禀赋都是不可复制的，因此家族一代代的领导人所具有的特殊才能，也是很难复制和传承下来的。而且，时势造英雄，不同时代的家族领导人所具备的个人才能也是不同的，更不容易被复制。但领导人的特殊才能却可以被模仿，并不断激励下一代的努力与创造。

同时也应特别注意到，诸如爱马仕、杜邦、米其林等家族，他们虽然一方面在坚守着家族企业的传统业务与传统技艺，但他们都有另一个共同点：家族不同阶段的领导人所具备的特殊才能虽有不同，但都不缺乏创新能力，他们既努力维护与坚持传统，同时又懂得在经济环境与政治局势变换之际锐意创新，并在两者中实现了合理的平衡。这种家族代际领导人所具备的平衡传统与创新的特殊才能，是家族基业长青的有力保障。

家族领导人的特殊才能不是凭空而来的，让具有特殊才能的家族成员成为领导人也不是必然的，完善的家族教育规划与传承规划非常重要。

从"桌子""木桶"出发看家族特殊资产与四大资本

从家族特殊资产的内容来看，确实对于家族（企业）而言是意义非凡的。如果要进一步讨论清楚家族特殊资产，有必要从与人力资本、文化资本、社会资本及金融资本等家族四大资本的关系角度出发观察。

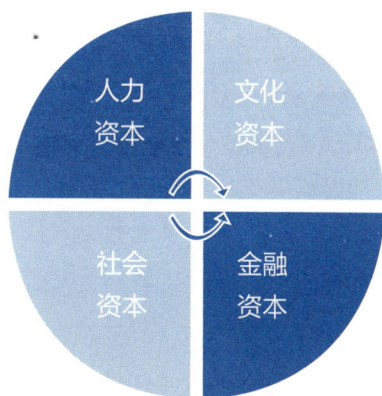

人丁兴旺、各有所长、人才辈出、家族和合，这就是人力资本；具有始终如一的价值认同、世代传承的家族精神与生生不息的创新与追求，这就是文化资本；家族不仅应当有效融入社会，更应当得到社会的普遍认同与尊重，引领社会的发展，这就是社会资本的核心内容；当然，对于财富家族而言，拥有有价值的经营性资产、非经营性的不动产与其他资产等各种形态的资产是必要的，这就是我们通常所关注的金融资本。

从某种意义上讲，对于成功传承的家族而言，人力资本、文化资本、社会资本及金融资本是缺一不可的。当然，四大资本之间的关系也是相对复杂的，虽然互相影响，但并不见得是必然的、确定性的影响关系。

同时，概括性地将家族拥有的人力资本、文化资本及社会资本的核心要素都理解为家族特殊资产，其实并不为过。

完全可以将家族比作一张桌子，将家族的四大资本比作桌子的四条腿。如果一个家族缺少了人力资本、文化资本及社会资本这些家族特殊资产的一类或几类，而只有金融资产，家族这张"桌子"是万难安稳的。这个道理是不言自明的！

重要的是，一个桌子的四条腿即使都有了，如果长短不一，同样会立不稳的，如果长短差距太大，一样也是会倒掉的。

如果再以家族的四大资本中的每一个资本作为一块"木板"做一个木桶去装水，决定水的高度的是哪一块"木板"？答案很简单，一定是"短板"，这是最简单的"木桶理论"，结论大家都清楚。

这个例子还可以向另外一个方向演绎，如果四块"木板"的强度不一样，决定木桶寿命的是哪一块木板？你一定会说是强度最弱的那一块木板。其实也不尽然，四块板子如何"可靠地"地持久组合在一起也是决定木桶使用寿命非常重要的因素。

用桌子及木桶进行比喻，不仅是要告诉大家四大资本是非常重要的，更想说明四大资本的平衡与控制同样也是非常重要的。既然特殊资产涵盖了家族四大资本中的人力资本、文化资本及社会资本，也就意味着家族特殊资产的平衡与控制对于家族（企业）而言也是至为关键的。

当这些家族的家族特殊资产发生变化而又无法实现平衡时，家族如果不能作出适时的特殊资产的补强或相应的调整，家族就会处于较大的风险之中，甚至会走向衰败。

在家族财富管理中我们会从不同角度触及平衡与控制问题，这是在家族（企业）顶层结构设计及家族财富管理整体解决方案中必须始终把握的要点。

所以，从家族特殊资产的角度，不会讲哪一个更重要，而只会讲哪一个更为核心，家族特殊资产形成后，家族必须将其作为一个整体来看待。

值得欣喜的是，中国家族从单一关注物质财富，到对家族特殊资产的全面关注，是一种理性的回归，只是这个回归的完成需要一个相当长的过程。

家族特殊资产对家族企业规划路径的影响

近几年来有一个很有趣的说法，"李嘉诚跑了"。从资产的"东退西进"，从公司的所有权结构重构到"迁册"，以至尘埃落定的交接班布局，李嘉诚确实引起了很多关注，逼得他不得不现身表明自己就是一个"邻家老人"。再叠加一些其他重大事件的影响，李老先生的形象似乎一下子在很多国人心中矮了一大截，这是为什么？

这些格局的形成除了家族战略因素以外，如果从家族（企业）治理的视角来看，其中重要原因之一是李氏家族的家族特殊资产发生了重大变化。为了应对家族特殊资产的这个重大变化，李家作出了相应的调整，不仅主动规划家族（企业）治理模式与传承模式，而且重构了家族（企业）的所有权结构。

系统并深入研究家族特殊资产的目的是为了帮助家族对家族治理、家族企业治理、所有权结构、传承模式、资产布局，甚至对特定事业主体及资产等进行有效规划，以正确的逻辑选择适合的路径、模式与方向。

在这一方面，香港中文大学的范博宏教授等学者有较多的研究与阐述，很有价值，希望大家有机会多学习一下范博宏教授的著作。范博宏教授与莫顿·班纳德森（Morden Bennedsen）教授的共同研究成果——《家族企业规划图》，很有价值。

以家族特殊资产及路障作为两个轴，以家族特殊资产的强弱及路障的大小作为考量要素，以对所有权集中度及家族管理程度为指标，家族企业治理模式与传承模式有退出、管理职业化、所有权稀释及家族传承四个路径可供选择。

家族完全可以通过考察家族特殊资产、制度路障、家族路障及市场路障的具体情况，选择最佳的传承模式与治理模式，并随它们的改变对模式作出相应的调整。而且，适合的治理模式与传承模式是相辅相成的，找到传承方向只是传承准备工作的第一步，接下来必须制定一套配合此传承模式的家族与企业治理制度；反之亦然。

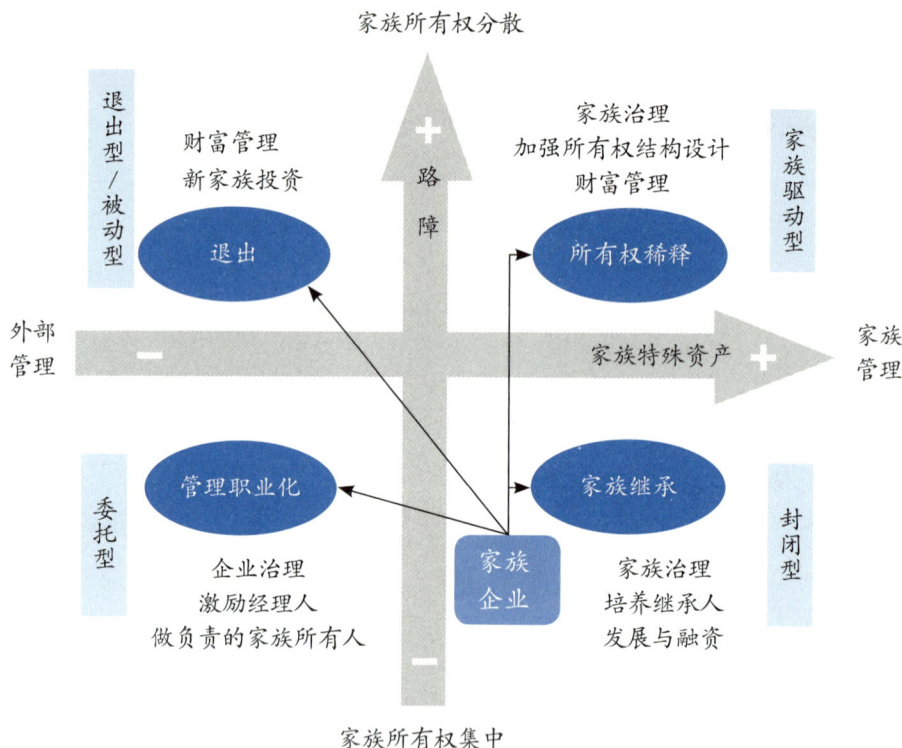

这种治理模式与传承模式的选择不无道理，它是基于家族现有的特殊资产状况推导出来的结论，总感觉有一些被动与局限，这个模型本身也并没有优先考虑家族意愿这个重要的影响要素。当然，模型将家族特殊资产作为横轴设计是非常高明的，准确抓住了问题的本质。

从我们的实践来看，规划家族（企业）治理模式与传承模式，在考虑家族特殊资产及路障的同时，应当充分考虑并充分体现家族意愿，家族意愿的梳理与尊重是前提。因此，应当将这种被动的治理模式与传承模式选择，转向积极主动的投入、提炼、固化与传承特殊资产，并对特殊资产的组合进行合理补强，提升为家族企业战略规划，实现家族企业长期发展目标。

小中可以见大，虽然是以一个特定的家族企业作为标本进行探讨，但实际上对家族整体经营性资产，甚至家族财富整体的规划和传承而言，其中的道理是一样的。

因此，家族应当通过家族治理与家族企业治理的力量，主动养成、投入并保全家族特殊资产。家族特殊资产的整体性提升，实际上就意味着家族力的整体提升。当然这是一条充满挑战的路，但也是唯一可行的路，别无选择。

第5章

权益关系的创新与平衡之道
——关注所有权结构的多维度视角

以所有权结构的名义，从四个权利维度出发

家族（企业）所有权结构的规划路径是家族（企业）财富管理整体解决方案、家族（企业）顶层结构设计的核心问题。

在为家族（企业）定制多场景下的所有权结构过程中，所有权、控制权、经营权及收益权四个权利的配置，保护结构、管理结构及传承结构的平衡，家族所有权结构、事业主体所有权结构及组织内部所有权结构三个层次的打通，是一定要坚守的三个核心原则。

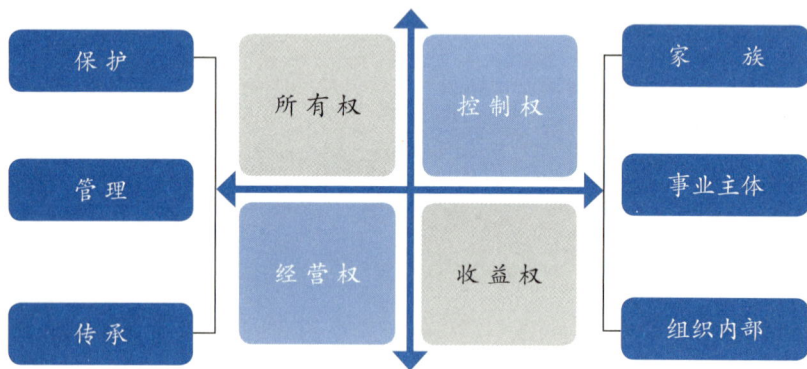

说通俗一点，家族（企业）所有权结构是从"权益"关系的角度去观察、思考并解决家族及家族（企业）的内部关系问题，更加具象，也更加生动，是"看得见、摸得着"的，相较于从"人"的关系出发的家族（企业）治理维度，更易于被接受和认可。

虽然家族（企业）所有权结构和家族（企业）治理同等重要，且共同决

定了家族（企业）财富管理的宽度，但顶层结构设计往往是从所有权结构导入，家族（企业）治理是逐步带入的。

就公司而言，自从伯利和米恩斯1932年正式提出所有权与经营权分离理论，所有权及经营权一直是关注的焦点。

所有权当然决定控制权吗？应当说所有权是控制权的基础，但是为什么类似阿里巴巴、脸书（FACEBOOK）、韩国三星等大量知名企业，似乎实际控制人并没有持有太多的股权，但依然可以牢牢地控制着公司呢？无论给出的是什么答案，可以肯定的是，所有权的多少显然并不当然等于控制权的大小。

经营权当然决定控制权吗？

以阿里集团为例，实际控制人掌握了阿里集团的经营权，这确实是实现控制权的路径之一，但是通过一系列的制度安排让阿里合伙人掌握了公司的管理者选择权和重大事项决定权，这才是控制权实现的根本路径。

经营权的把握与否并不能等同于控制权的强弱。经营权是通过一系列的授权途径取得的，一旦授权的法定基础丧失，经营权实际上是不复存在的。

所有权一定可以与收益权画等号吗？

优先股制度就可以证明所有权与收益权不一定是画等号的；公司、个人、合伙等不同持有结构的实际收益显然是不同的；如果将股权置入家族信托，所有权与收益权是可以分离的。

控制权与所有权有关，同时控制权也与经营权有关，从实践来看，将控制权置于所有权或经营权之下去考量都未必是完整的，有必要以控制权的独立视角进行观察与安排。

同时，收益权与所有权也并不是一个完全一致的视角，也有独立观察与安排的余地。

所以说，实务中单纯从所有权与经营权角度去观察和解决家族（企业）"权益"关系问题，未必是可靠的。控制权的问题如何解决呢？用什么样的权益结构获取收益权呢？控制权和收益权与家族（企业）的所有权和经营权是同等重要的。

具体而言，所有权、控制权、经营权及收益权如何规划，以及从整体角度出发，如何在四个权利之间实现约束与平衡，这是所有权结构配置要解决的主要问题。

应当说明的是，上述观点并非站在理论研究的角度，甚至这里所讨论的所有权和经营权与传统理论中的两个概念的内涵都未必是一致的。但是，从解决问题的角度出发，经验证明四个权利的配置逻辑确实是更为有效和可靠的。

从股权结构回归家族企业所有权结构

当今，已经有一定比例的中国家族（企业）逐步形成了家族所有权结构理念，但是，大部分依然只是停留在股权结构的认识层面。

从股权结构设计的场景出发，股权结构设计是否能满足家族（企业）的现实诉求呢？

一个公司如果是多个家族成员分散直接持股，发生股东流动性诉求时，家族还能保持控制权吗？如果发生继承或者其他导致股权分割的事由，家族控制会进一步削弱吗？如果需要增长资本，家族的股权比例将会进一步降低，如何面对"门口的野蛮人"呢？

在股权结构设计中，适当考虑股权集中度与稳定性、股东流动性与资本增长是必要的。

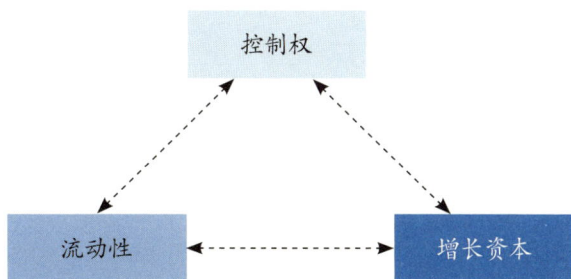

股东长期持有股权的目的是获取长期股息及保持公司价值的长期增长，但也存在大量财务性投资等短期持有的情形。同时，不同的持股形式涉及不同的股东责任的边界，其可能的风险传递也是不相同的。

持有主体的差异，不仅涉及直接持股还是间接持股的问题，同时还会涉及成本的差异，也就是说股权结构设计也是要考虑风险隔离与税收筹划因素的。

家族是否希望家族成员持续管理或继续控股家族企业，是希望分而治之，还是"分家不分店"，或是共享共治，是家族意愿首先需要考虑的因素。同时也应当考虑传承因素，不同的传承诉求与期待，股权结构的设计同样也是不一样的。

股权结构设计是不是要考虑法律环境呢？比如不同法律环境下对于同股同权等重要法律问题的规范可能是不一致的，阿里集团赴美上市就是一个典型例子。

股权比例本身的设计也是一门大学问。不仅要考虑股东对公司的价值，同时也要考虑股东之间的制衡，而且股权人数的多少是不是也要加以考虑呢？

总之，股权结构设计既要考虑进入与持有的成本，也要考量退出的成本；既要考虑股权集中的诉求，也要考量流动性的诉求；既要考虑对公司决策、管理与执行的影响，又要考量隔离与保护的效果；既要考虑现实持有，又要考量传承安排；既要考虑公司发展，又要考虑股东意愿；既要考虑效率，又要考虑税收筹划。

最为重要的是，这些考量因素既会相互制约、相互影响，也会受到法律环境及其他条件的制约。

接下来的问题是，相同的股权结构设计效果一样吗？当然不一样！

权益在不同公司股东会、董事会、监事会及经理等治理结构之间的配置是不同的；即使权利配置相同，各治理机构出席、表决等权利行使机制也未必相同。反过来看，不同的治理结构和治理机制安排，会不会影响股权的设计呢？答案当然是肯定的。

到这里，必须纠正一下相应的表达。

选择从股权结构设计切入话题，并不是想证明股权结构设计的重要性，目的是要表明单纯的股权结构设计是一个伪命题。从列举的股权结构设计考量因素来看，所谓的股权结构设计，考量的不仅仅是股权，设计的也并不只是股权结构，而需要考量的是所有权、控制权、经营权及收益权的整体设计与配置，这已经不是"股权结构设计"的事了。

所以要特别强调，家族应当离开股权结构，回归到所有权结构的理念和逻辑上来。

所有权结构必须平衡的复杂权益关系

大多数情形下，所有权结构是从家族企业角度切入并展开的。具体而言，一般会从事业主体的所有权结构规划着手，向上完善家族所有权结构的配置，向下完善组织内部所有权结构的设计。

除了要充分考虑家族企业所有权结构的集中程度、流动性、影响力、风险隔离、传承安排、事业发展、家族意愿、税务筹划及法律环境等复杂因素，以及这些复杂因素的相互作用以外，家族企业所有权结构设计与配置还需要平衡多方面的权益关系。

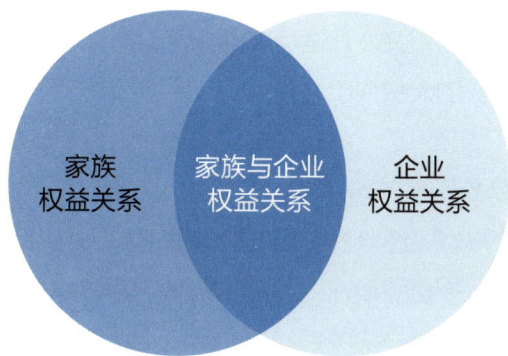

就单一家族企业的所有权结构设计而言，不仅要平衡家族内部的权益关系，还要平衡家族企业内部的权益关系，更为重要的是还要平衡家族与家族企业之间的权益关系。

困难的是，这些权益关系不是一成不变的，会随着时间、条件与环境的改变而动态变化。换句话说，所有权结构设计必须能够预见应对这种可能的动态变化。

如果是一个企业集团的所有权结构设计，会不会更复杂呢？如果一个家族有多个单元的事业板块，是不是还要考虑事业板块之间的关系问题呢？如果是一个跨境的企业集团，考量要素会不会又有不同呢？这个我们以后可以深入讨论，结论肯定更复杂。

强调家族企业所有权结构的复杂绝对不是危言耸听，故弄玄虚。而是要让大家明白，考虑问题时一定要从更全面、更长远、更动态的角度出发，这样才可能在所有权结构设计及配置时做到当下合理、可调可控、长期有效、动态平衡。

相对而言，家族对家族企业的所有权结构可能考虑的比较多，更容易接受和理解如上观点。

站在家族的层面，除了属于经营性资产的家族企业外，家族还有大量的不动产、金融性资产等，这些资产同样也存在所有权结构的设计与配置问题，这一点似乎关注度较低。

以广州周大福金融中心举例。周大福金融中心是郑裕彤家族的家族资产，不在家族控制的公众公司资产序列内。几十万平方米的物业，包括酒店、写字楼及商场三种用途，价值超过百亿元。如此庞大的、家族长期持有的不动产，家族应当如何持有呢？最终的家族所有权结构应当如何设计呢？有兴趣的朋友可以通过相关公开途径查询一下。

此外，家族持有的大量保险、投资、证券等资产的所有权结构又应当如何设计呢？

所有的家族资产都存在所有权、控制权、经营权及收益权的配置问题，当然对于有些资产形态，经营权应当理解为管理权，但道理是一样的。

事实上，还有一个更需要深入思考的问题，即家族企业等经营性家族资产与其他非经营性家族资产的关系问题。不同资产的风险是不同的，运作方式是不同的，获利能力是不同的，承载的家族诉求是不同的，经营性家族资产与其他非经营性家族资产一定是互相影响甚至是相互转化的，但又是相互独立的。

不同类型家族资产所有权结构的关系应当如何平衡呢？对于一个家族而言，应当有一个整体家族所有权结构的规划，单一类型资产的所有权结构只是家族整体所有权结构的组成及实现路径而已。

从这个意义上讲，对于一个家族而言，家族所有权结构是无处不在的，是家族财富管理面对的首要问题。

复杂与简单——所有权结构如何规划与落地

家族所有权结构的复杂之处就在于，不仅需要平衡家族、家族企业、不同资产内部及相互之间的复杂关系，而且要面对复杂关系的长期变化，以及环境等制约因素的变动。

用复杂的眼光去观察家族所有权结构是一种能力，这样才能真的看明白。而就家族所有权结构的设计而言，必须保持一种简单的方向与路径，这才是一种智慧，否则家族所有权结构的设计将因头绪过多而失去方向，落地更是无从谈起。

以下简单讲一下家族所有权结构的规划方向。

家族对于家族资产的安全性是非常看重的。风险的来源很多，风险管理的方式也很多，但在所有权结构中，实现风险隔离是一个基础的考量。家族所有权结构中有一个保护结构的规划问题。

家族对于家族资产的控制权非常关注，无论是家族资产的整体控制、经营性资产的控制，还是某一类家族资产的控制，或者是某一项家族资产的控制。如何实现呢？家族所有权结构中有一个控制权结构的规划问题。

家族资产形态会不断转化，家族的财富布局从空间上要进行不断的调整，这些财富如何传承呢？在所有权结构中传承结构的规划也是每一个家族都无法回避的。

所以，家族所有权结构的规划有三条线索：保护结构、控制权结构及传承结构。但从所有权结构规划整体出发，保护结构、控制权结构及传承结构虽然是分别观察的，但规划与落地必须是一并考量的。

确定方向之后就涉及路径选择、技术运用及工具适用的问题了，在这里我们应当达成几个基本共识：

其一，家族信托、家族基金会、家族控股公司、家族投融资平台、家族有限合伙、离岸公司及家族特殊目的公司等结构性工具，本身就是多层次的，有的适合作为顶层结构工具，有的适合作为核心工具，有的适合作为直接持有工具，有的则适合作为辅助工具，这是由其工具价值所决定的。

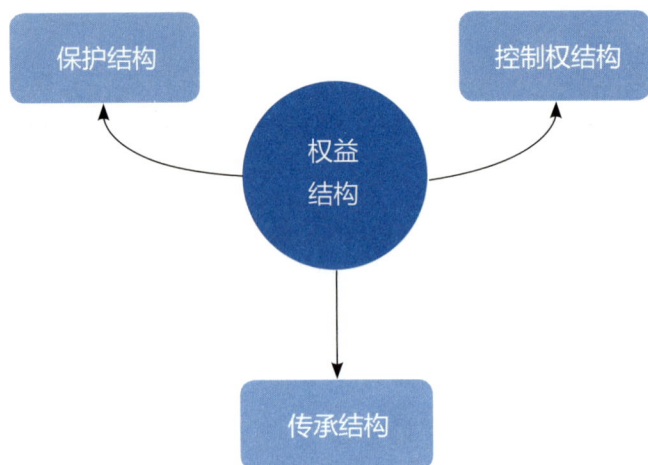

```
  ┌──────────┐              ┌──────────┐
  │  保护结构  │              │  控制权结构 │
  └──────────┘              └──────────┘
        ↖          ●            ↗
              ┌─────────┐
              │  权益    │
              │  结构    │
              └─────────┘
                   │
                   ↓
              ┌──────────┐
              │  传承结构   │
              └──────────┘
```

其二，不同工具并无优劣之分，但特定财富管理工具的价值存在先天差异，每一个财富管理工具都是技术与制度斗争的结果，基因是不同的。如果在工具核心价值范围内运用工具，目标实现就相对简单，甚至轻而易举。比如，家族信托就具有保护、控制及传承的工具价值，如果有效运用这个工具，有些复杂问题可能就迎刃而解了。如果运用其他工具，使出"吃奶的劲"也达不到目标。

其三，不同的技术能力，对财富管理工具功能价值具有放大或制约作用。不同的技术能力导致相同的工具未必能够实现相同的运用效果，而技术的精湛有时候又会让不同的工具产生同样的运用效果。

其四，结构性工具如果结合金融性工具的运用，身份配置及跨境配置的平衡，以及意愿安排和家族协议的补强，会产生更完整、更好的效果。

如果从落地角度来看，实际上就是对上述工具的具体运用，这样梳理一下脉络就很清晰，也就简单了。当然，在实践中，要关注基于制度环境而导致的工具价值的变化，同时也要注意把握一些新的财富管理工具的运用，甚至要保持一定的创新能力，事实上每一次的所有权结构规划都是一次创新，只是程度不同而已。

第6章

所有权结构设计必须走出思维定式
——换一个思维，多N个路径

以家族血缘结构比较中日家族与文化差异

日本有1000年以上历史的家族企业9家，500年以上历史的家族企业39家，200年以上历史的家族企业3416家，有学者估算的数据显示日本有近10万家100年以上历史的家族企业，这是一组非常惊人的数据。

日本人也是黄皮肤，早期的"渡来人"也是来源于东亚大陆沿海地区，文字、法令等多方面受到很多中国文化，尤其是汉唐文化的深远影响。甚至很多日本家族所尊崇的家规、家训等就是照搬中国古代"老祖宗"的经典语录。

绝大多数人认为日本与中国是最相似的，所以中国家族企业向日本家族企业借鉴家族财富管理，尤其是家族企业传承的经验成为一种应然。但是，随着研究的深入我们发现，日本文化在很多方面与中国文化仅仅是"貌似"而已，骨子里有很多根本性的差异。存在文化差异的核心原因是中国与日本的家族血缘结构存在显著差异。

著名的文化人类学学者官文娜教授谈到："家族的血缘结构不同，会形成不同的文化，这就是民族文化。就这一意义而言，家族的血缘结构可以说是区别不同文明类型的决定性要素之一。"[①]

其实日本曾经拥有名目繁多的养子制度，经常作为成功传承重要经验而讲到的"婿养子"制度就是其中之一。有学者统计过，在19世纪中叶，日本

---

① 官文娜：《日本家族结构研究》，社会科学文献出版社2017年版，"导言"第2页。

全部男子中大约有25%的人进入其他家庭成为其婿养子，也就是说，日本全社会有50%以上的男子加入养父子关系中，养子制度已经成为日本家族人力资本的调解器。

官文娜教授指出："在日本，'家'并不是一般意义上以血缘为纽带的家族，即并不是以夫妇为中心、通过生儿育女传宗接代、以家庭的生产和消费为基本功能的社会最末端单位，而是一个拥有经济实力、以家产的永续传承为目的的经营体。这种经营体超越了以夫妇为中心、以通过繁衍子孙传承祖先香火为目的、以家族生产和消费为基本功能的一般意义上的家。日本的'家'是一种拟制血缘（即非血缘，可以通过某种方式，例如法律程序进入家族，成为家族的正式成员）的经济的、社会的集团。"[①]

家的差异自然会影响到家文化的差异。中国和日本传统文化中都强调忠与孝，但中国文化中强调的是孝为先，而日本文化强调的是忠为先。为什么？日本的家是一个永续的经营体，是以业、职业和事业为核心的，首先强调的是奉公与忠职守业，这是最根本的原因。中世纪以后日本逐渐形成并确认了家督制和财产的长子继承制，实际上也是由家族血缘结构所决定的。

因为家族血缘结构的差异，在日本文化里并不存在普遍认为天经地义的血缘身份制，也不存在与此互为表里的儒家文化系统的文化观及价值观。事实上如果离开家族血缘结构这种文化人类学方面的研究，是很难真正把握中国与日本"家"的差异的，也很难理解和把握中日文化差异的核心。

由此可以确信的是，任何家族所有权结构及财富管理制度的安排和设计，都回避不了特定家族结构与社会文化背景的制约与惯性。中国家族不仅要借鉴国际的经验，更要契合中国的文化背景及家族结构，坚守本土化的大方向。

---

① 官文娜：《日本家族结构研究》，社会科学文献出版社2017年版，"导言"第5～6页。

顺势而为，与时代和解才是理性的家族选择

不可否认，聚族而居，财富共有、共同发展是绝大多数家族长久以来的一个梦想。

所有的合理存在都是基于社会经济发展状况及需要产生的。家族财富共有模式通常与家族共同生活方式紧密相关。在家族共同生活的时代，为了提高财富的效率，集中财富力量，平衡家族支系、家庭及家族成员的利益与关系，更好地实现家族的生存、安全与发展，家族财富共有模式成为必然的选择。

现如今，基于社会环境的改变，除了极个别的家族外，绝大多数家族的共同生活方式已被彻底打破，客观上也不再是必需。家族财富共有的社会基础已经根本动摇。同时，家族财富共有模式的价值已经大大弱化，对于家族支系、单一家庭及个人的生存、安全与发展而言，财富共有甚至可能会带来负面价值，形成某些方面的制约。

一个力量是希望通过财富共有实现对家族成员的平等关爱，以及提供共同发展的平等机会的渴望，同时实现对世代同堂、家族和合等传统家族"圆满"文化的坚守与梦想。

另一个力量是更多追求个性的张扬、独立的发展。虽然家族成员依然关注家族荣耀，但更希望在家族资源与平台背景下实现自我完善，期待的是家族价值、家庭价值及个人价值的同步发展。

前者是家族的力量，后者是时代的力量，后者的力量更大。所以说，当下家族财富共有的基础是缺失的，与时代背景下的家族需求也是冲突的，这就是现今大部分家族顶层结构设计是以分为主流的根本原因。

此外，选择分，还有四个直接动因。

其一，隔离风险。分可以明确财产边界，分清彼此，划分清楚每一个家族支系、家庭及个人的财产边界，这就具备了风险隔离的前提，分是风险隔

离的重要手段。

其二，激活个体。分会使个体的自主性更加显现出来，激发个体的能量，让家族中的支系、家庭及个人在更社会化和平台化的大背景下谋求更大的发展空间，将依赖家族发展转变为依托家族发展。

其三，避免纷争。分清楚了，实际上是对家族发展过程中家族支系、家庭及个人价值与需求的确定，也是对未来权益的固化，避免混淆与不清，进而避免家族内部可能的纷争。

其四，形成合力。分是为了更好地合，只有明确家族支系、家庭及个人财产的归属与边界，成员间才能真正消除心理障碍与安全顾虑，家族财富才可能更清晰、更长久、更好地合在一起，形成真正有力量的合力。

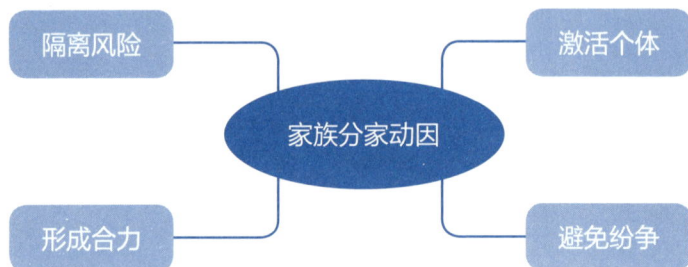

基于时代背景及直接动因，大多数家族改变传统的财富共有理念，顺应时代趋势，选择新的家族财富模式是必然的。

谁也改变不了趋势，家族确实要放弃对财富共有的迷信，分是一种理性的选择。但是要特别强调，这里讲的分并不等同于传统意义上的分家，不是一分了事，也不是在分与合之间做简单的排他性选择。除了分的背景外，家族在发展中确实也存在强烈的合的诉求。家庭及个人发展需要家族人力资本、文化资本、社会资本及金融资本的土壤与支持。也就是说，实现分中有合才是关键。

共享共治、分与合的现代逻辑与王道

家族选择财富共有模式的目的是希望能够实现家族成员对财富的共同享有、共同管理，进而实现家族与家族成员发展的协调。财富共有的时代结束了，所以传统意义上的家族财富共享共治的基础当然也没有了。

所有权层面的共享共治是一个很高的境界与追求，是可遇而不可求的。建议财富家族不要轻易将共享共治作为财富规划、顶层结构设计的目标，最起码不应作为阶段性的行动目标。

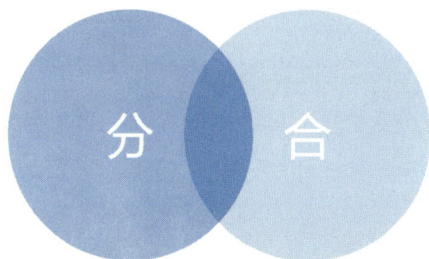

财富管理领域一直以来是以分与合作为交流语境，后来又演绎为分家和分业与否作为探讨与实践的基本方向。这似乎造成了两个思维定式：

其一，非分即合，非合即分的对立；

其二，形成分家与分业、不分家与不分业、分家与不分业、不分家与分业四个角度的考量。

难道真的只有这两个思考的维度吗？分与合是一定对立的吗？有没有在其他层面或维度探讨共享共治的余地呢？

分的是什么？是哪一个层面的分？

合的是什么？是哪一个层面的合？

可否从宏观与微观、整体与局部层面考量分与合？

可否从不同资产形态的层面考量分与合？

如果基于不同层面考量，是不是可以出现一个新的维度，分中有合、合中有分呢？

如果站在所有权、控制权、经营权及收益权的四个维度来看，将共享指向所有权和收益权，而将共治指向控制权与经营权，是不是多了两个维度？

如果将共享单独指向所有权或收益权，将共治单独指向控制权或经营权，是不是又可以增加两个维度？

如果只考虑共享，而不考虑共治，是不是又有不同的可能？反之，是不是也是这样呢？

其实，家族（企业）在进行顶层结构设计时完全是可以沿着上面的思维路径出发的，事实上几乎每一个维度都有很多鲜活的、耳熟能详的案例。

当下问题的关键并不是要否定共享共治和财富共有，而是提醒家族不要用简单粗暴的逻辑解决家族顶层结构的问题，更不要教条地直接将西方经验或古人传统照搬。

时代变了，家族应当站得更高，以多层次、多维度去观察、思考与创新，这样才会有更广阔的视野，也才会获得更多关于解决家族（企业）治理、顶层结构设计及财富管理问题的路径与方法。

只要逻辑、路径、技术及工具运用是合理的、有效的，在家族顶层结构设计中不仅可以将分与合有机地对立统一起来，而且可以实现很多看似矛盾的目标的对立统一。

也就是说，对家族（企业）而言，在家族顶层结构设计及财富管理中应当"合其当合，分其当分"。

在具体操作层面，应遵循三个基本原则：

其一，保留合的能力，关注分的可能，适时而行；

其二，宜合则合，宜分则分，顺势而为；

其三，合之有道，分之有术。

总之，无论什么解决方案，能够实现家族价值、家庭价值及个人价值的同步发展就是王道。

顶层结构设计的第三条路：主线归集与保障支持

共享共治、分与合是大多数家族在进行家族（企业）顶层结构设计时的基本思考维度，除此之外，这个问题还有没有其他可能的思考逻辑呢？

事实上还有一个非常重要的思考逻辑是需要特别强调的，那就是家族环境较为复杂或者在家族（企业）治理能力偏弱的情形下，首先要关注主线归集与保障支持的逻辑。这里所讲的主线归集指的是主动保持家族主线的权益能力，同时要实现家族支线的权益保障与发展支持。

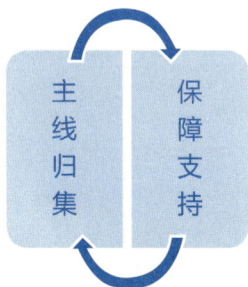

最近两年受到广泛关注的香港鹰君集团实际控制人罗嘉瑞与其母亲及其他家族成员之间的冲突是非常值得思考的，冲突中不仅兄弟反目，甚至母子反目，给家族成员造成的痛苦与伤害是可想而知的。

本来设计了一个家族共享共治的格局，但是在上一代创始人之一母亲杜莉君女士依然健在的情形下就已经出现了危机，并且家族成员因家族信托闹上了法庭。冷静来看，三子罗嘉瑞在鹰君集团一支独大的基本格局客观上已是很难改变的了，他现在做的事情事实上就是从其自己家族支系立场出发的主线归集。这对鹰君集团这家企业的发展是有利还是有弊呢？答案不言自明。

主线归集确实是非常有必要的，家族一旦"散"了就没有力量了，其他目标的实现更是无从谈起。世界范围的家族（企业）成功的传承经验表明，在家族第三代依然能够保持家族所有权的合理集中度是非常关键的。

同时必须特别强调的是：从家族立场出发，家族支线的保障和支持是家族必须妥善解决的基本问题，这与家族的主线归集是同等重要的。

主线归集实现并不简单，需要考虑的问题也是系统性的，最起码有三个主要的考量维度：

其一，如何选择和确定主线？主线是一个家族支系、一个家庭、一个人，还是一个特定的群体？

其二，如何确定归集的标的？归集的是所有权、控制权，还是经营权？抑或是收益权？

其三，如何选择和确定归集的层次？是整体性的归集，还是局部的归集？整体归集与局部归集如何协调？

这些问题确实是很复杂的，不同的家族有不同的情况，也会有不同的选择，很难一概而论。我们尝试着在实践中提炼了几个基本原则，这几个原则不仅对主线归集适用，也可以理解为顶层结构设计的基本逻辑：

其一，主线归集应以家族第三代依然能够保持所有权集中度并可以形成所有权结构重构能力为中期目标；

其二，应当更多关注通过稳定的、多层次的结构性工具提高家族控制权的归集能力；

其三，以保持主线归集的足够柔性应对家族内部可能的流动性和增长性，以及未来可能产生的严重冲突。

主线归集与支线的保障支持，一定是未来中国家族顶层结构设计及财富传承的重要逻辑与路径，是共享共治及分与合以外最为理性的第三条路，是最为重要的实践场景。

理想很丰满，现实很骨感。在家族顶层结构设计中家族立场当然是优先的，但是在这个立场之下如何作出理性的价值判断，进而作出合理的选择，实际上对每一个家族而言都是一场大考！

第7章

尊重与信任，家族智慧和专业价值
——如何实现家族力量与专业能力的融合

发现并尊重，家族智慧是一种原动力

家族（企业）财富管理中，有些非技术性问题是必须解决且无法回避的，其中之一就是家族智慧与专业价值的话题，二者是什么关系呢？仁者见仁，智者见智。

有一个很有意思的现象：虽没有完整的逻辑，更不成体系，但家族创造的很多财富管理的"土办法"，往往是以约定俗成的非正式方式呈现的，实用性很强，而且仔细推演起来，和一些专业财富管理逻辑也是非常契合的。

有一个非常成功的家族，为了避免父子两代人可能的冲突对重大决策的影响，做了一个非正式的安排：在重大事项表决中，第一代持有30%的表决权，第二代持有30%的表决权，职业经理人团队持有40%的表决权。这样的机制虽显单薄，甚至可以说"简陋"，但很有"想象力"，且确实在实践中发挥了一定的积极作用。

另一个知名企业家早年将家族财富分成了七等份：赠给四个子女各一份，太太保留一份，自己保留一份，另外留有一份家族共有。家族共有的这一份用以支持家族共同事务，并作为家族成员的最终保障。他和太太离世后，将各自拥有的份额并入家族共有的部分。

两个家族在做安排前并没有接受家族（企业）治理、所有权结构、顶层结构设计等方面的专业训练与支持，甚至连这些概念都没有听说过。

第一个家族所确定的家族决策机制虽未形成正式的治理机制，运行也并不严格，甚至有些时候还会因为一代的"任性"而失效，但确实非常值得研究。首先，家族发现了影响家族发展的重要路障之一就是家族的决策机制，充分意识到了问题的重要性；其次，家族成员之间力图通过机制的确定去寻求家族代际成员间的权利平衡，这实际上是一个非常重要的传承环节；最后，家族通过第三方力量——职业经理人的引入去平衡家族成员间的立场与冲突，这个尝试在方向上是值得肯定的。

第二个家族设立的实际上就是一个典型的西方意义上的家族基金，虽然家族基金的管理模式未必科学，当时也未进行包括管理者选择、基金安全及运营机制等更长远的考量，但家族基金的轮廓是具备的。

上述两个家族的安排，不仅可以明显看出家族在财富传承中对家族成员长期保障与支持的关注；同时也看到明显的平等分产、分而传之的传统理念，当然也充分显示了大部分中国家族普遍接受了在传承中财产份额男女平等的当代理念；最为值得关注的是，在分的同时，家族意识到了合的价值。

从某种意义上讲，专业人士为家族提供服务的过程，就是对这些有价值的"土办法"进行规范、优化的过程，最起码这是其中的重要工作。

能够创造或保有财富的家族一定有很多过人之处值得学习，一定有一些独有的经验与品质值得总结和提炼，其中的共性就会被提升为工具、技术与逻辑。家族智慧就是一种原动力，很多家族财富管理工具、治理技术及顶层结构的逻辑，都是来源于境内外家族智慧的蓝图。家族服务也可以理解为一种"取之于家族，用之于家族"的过程。

尊重家族智慧的价值，尊重家族的选择，这两点是特别要铭记的基本理念。

家族财富管理永远离不开专业价值

不可否认，在家族财富管理中，家族智慧的发现与尊重是非常重要的。家族智慧固然重要，难道只靠家族智慧就可以解决家族财富管理整体解决方案或者其他财富管理方面的问题吗？

当然不是！没有专业价值的导入肯定是不行的。大量的案例充分证明，即使依据家族智慧作出了"对"的选择，但在没有专业支持的情况下，也不见得能取得"对"的效果。

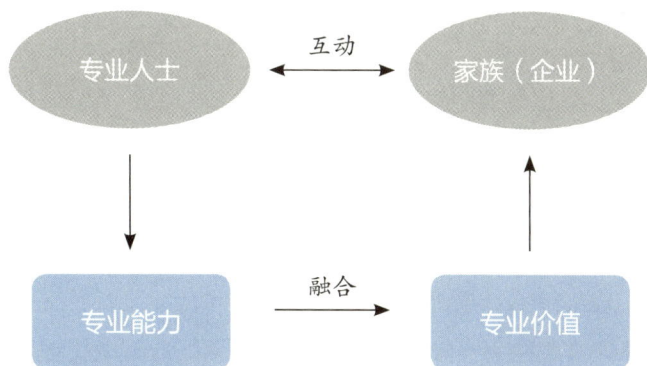

例如：早期中国家族设立境内（外）家族信托的路径通常是，选择信托机构作为家族信托的受托人，然后与受托人进行沟通选择信托类型，以受托人为主导确定家族信托的具体条款，进而与受托人签署信托契约并置入信托资产完成家族信托的设立。

显然，这与应有的信托构建逻辑是不一致的。正确的做法是，家族与信托顾问根据家族的情况与意愿，确定家族信托的所有权结构，权利机制、制约机制、投资机制、分配机制、调整机制及退出机制等核心要素及信托框架后，再去遴选最契合的受托人设立家族信托。

通俗地讲，选择受托人实际上是一个"找人落地"的过程，而并不是由受托人去设计这个家族信托。

一个家族企业由兄弟几人共同创业，其中一个兄弟的女儿非常优秀，不仅是金融专业毕业，而且在一个全球知名金融机构就职，她主导了父亲和叔伯们的离岸家族信托设立。专业人士检视时发现这些家族信托不仅在很多关键安排上是欠缺或不妥当的，而且几个设立人始终没有真正搞懂家族信托。试问，未来这些家族信托的运营能实现相应的效果吗？

受托人是专业的，所以有些家族认为将家族信托的全部事务委托给受托人安排已经够了，难道这是最好的选择吗？

家族信托就是家族一所虚拟的"房子"，设立家族信托的逻辑与建造一所真正的房子的逻辑是完全相同的。

建筑施工单位很专业，请问作为业主方的您是不是要根据自己的具体需要向施工单位提一些标准与要求？如果您觉得需要，如何确定您自己的具体标准和要求呢？是通过设计师还是仅仅通过自己？

标准和要求确定后，是不是需要就建筑工程合同中的商务条款与技术条款和施工单位进行谈判呢？为什么需要谈判？因为您的立场与施工单位的立场是不一样的，虽然希望把房子建造好这一点是一致的，但您更希望能最完美地实现您的目标，而施工单位也有自己的利益和规范要求。

即使不谈家族信托设计安排中的专业价值，请问有多少家族能够完整读懂1万至2万字符的英文版的家族信托文件？很多家族都有海外留学背景的家族成员，他们也许能够读懂晦涩的专业法律文件，但又有多少人能够真正理解家族信托法律文件中每一个字、词及句子的意思？即使能够理解，又能真正了解这些安排的法律后果吗？

家族信托这所"房子"比一所真正的房子更重要、更久远、更复杂，如此重大的事务中缺失专业价值的支撑是极不明智的。

其实，专业价值在家族财富管理中的作用何止这些呢？

要特别说明的是，专业能力是对专业人士而言的，而专业价值是对家族而言的。无法真正有效导入的专业能力对家族而言毫无意义，所以如何实现专业能力的导入才是关键。

尊重与信任是问题的本质

家族智慧与专业价值之间的关系是显而易见的。遗憾的是，很多家族更愿意依靠家族智慧，而对专业价值持有怀疑；当然也有另外一种现象，很多专业人士对家族智慧嗤之以鼻。为什么？

信任与尊重是这一问题的本质。

有一位身为一代创业者的家族掌门人曾在早前的交流中，多次提到他的孩子如何团结。三个不同母亲生的孩子，并没有共同生活与学习的经历，父亲也很少对他们施以必要的关注与教导。没有人想怀疑这位父亲看到的所谓团结，但这种团结是未经考验的，是不可靠的。遗憾的是，今天的局面让这位父亲失望了。

并不是这位父亲没有智慧。过往持续成功的经历让大多数中国家族的领导者对自己的能力太过于自信了，对自己家族成员的情感、品格、理性、智慧、能力与格局也太过于自信了。他们认为，只有自己和家族成员才有足够的能力解决自己的家族事务，并不认可专业能力的导入价值。这是一种盲目自信！

一位"70后"的家族领导者直接对专业人士说："办法我比你多，我找你只是想让你告诉我一些成功家族尤其是一些犹太家族的具体做法，剩下的我自己想就可以了，或者说上网查查信息了解一下其他家族怎么干的就可以了。"

说白了，就是不信任专业价值，也可以理解为不尊重专业价值。最后，当这位领导者听了专业的规划逻辑、原则及路径后，也算是明白了专业价值是有用的，可能也明白了专业人士事实上并不比他的办法少，而且有很多办法是他所不知道的。

有没有必要的总结和提炼？是不是有可靠的技术支撑？能不能构成完整的体系？是不是有逻辑指导？有没有理论与实证依据？在这些方面家族智慧

与专业价值相比可能是处于较大劣势的。

除了上面讲到的两个层面外，其实不信任还有另外一个层面的因素——对专业人士操守的不信任。

刚才谈到的那位掌门人对此讲得也很直白：你再好，也是外人，毕竟不如自己家里人可靠。他的这个观点同样也是很有代表性的。

"专业人士与家族成员谁更可靠"本身就是一个伪命题。专业人士办专业的事，承担专业的责任，受专业环境的约束，以独立视角站在家族立场处理家族事务，如果依然不能被信任，也只能说家族没有选对人了。

信任与尊重一定是相互的。专业人士如果不给予家族足够的信任与尊重，也得不到家族的充分信任与尊重，服务一定是没有深度的，这是其一；无法真正以家族立场提供专业支持，服务一定是没有温度的，这是其二；无法真正放下自我，去掉"我执"，提供的方案一定只是"你的"，而不一定是"家族的"，角度会出现问题，这是其三。

深度　　　　温度　　　　角度

与其说是对家族智慧与专业价值的信任与尊重，不如说是家族与专业人士之间的信任与尊重。这是一个关键的结，家族与专业人士之间的这个结如果打不开，后面的一切都无从谈起。

家族智慧与专业价值关系的厘清，并不是一个虚的问题，而是一个要实实在在去面对和解决的问题，既躲不开，也绕不过。无法协调好这个关系，家族的财富管理目标是很难实现的。

一种深刻的融合，而不是简单的导入

家族在做具体家族事务规划和安排时，是不应当以对错作为判断标准的，而应当以可靠性作为总的判断原则。家族智慧与专业价值的结合将会使可靠性大大提升。

如果一个家族依据家族智慧设立家族基金，家族基金承载的责任是代际相传的，同时要求绝对的安全，并且还应有一定的持续保值增值空间。

这个家族基金应当由什么机构进行管理？机构是由家族成员主导还是由职业经理主导，抑或是独立的第三方？机构及主导者的确定机制是什么？如果是家族附属机构进行管理，如何确定财富管理的机制？既然要求绝对安全，如何保证呢？要不要确定投资管理原则，如何确定呢？

说学术一点，核心问题就是家族基金的所有权、控制权、经营权和收益权如何配置，治理结果和机制应当如何安排，才能保证家族基金的持久存在、长期发展，进而实现家族基金的目的。

这显然是一个系统性问题，所有人都应当清楚系统性问题必须系统性解决，其实这就是导入专业价值的意义所在。

专业价值的导入实际上应当是两个层面的意思：其一是如何选择并引入专业人士；其二是家族智慧与专业价值应当如何协调。

选择和引入专业人士，是以能够实现家族与专业人士之间的相互信任与尊重为前提的，涉及沟通与价值、能力与操守等多层面的考量。

专业人士与家族在"三观"上应当是相互认同的，"骨子"里的取向是一致或接近的。这一点在家族治理、家族企业治理与顶层结构设计中，是一个非常重要的影响因素，而且服务深度越深，这个因素的影响就越大。

专业人士与家族的协调应当如何把握呢？与其说是专业人士与家族的协调，不如说是专业价值与家族智慧的融合。

专业人士发挥专业价值的窍要就在于"融合"二字，也就是家族智慧与专业价值要合二为一。

融合最起码有三点需要把握——独立视角下的家族立场、家族智慧的提炼与优化、专业逻辑与技术的家族化。

| 独立视角下的家族立场 | 家族智慧的提炼与优化 | 专业逻辑与技术的家族化 |

专业人士具有独立的视角，这是由其专业身份先天决定的，独立视角会更客观、更理性，也更专业。但是，如果不能够坚定地站在家族立场去思考、规划、安排和解决家族问题，效果一定是"不解渴的"，甚至很多时候是隔靴搔痒。

坚持独立视角才会有观察，保持家族立场才会有体悟，二者融合后的思考与判断，才是真正有价值和力量的。

家族智慧的提炼与优化并不难理解。既然家族智慧有价值，就要挖掘、整理、规范和优化。家族智慧如果通过一些正式的治理机制进行规范，通过一系列配套的安排进行优化、延展，其执行程度、执行效果相信也一定是不同的。但是挖掘、整理、规范和优化是一个知易行难的事情。

专业逻辑与技术家族化的问题说起来也简单，但做起来却颇为不易。家族各具特质，逻辑与技术的运用应当与之契合；同时，完全可以依据家族特质变通或革新一些逻辑，也可以创造一些新的技术，通俗地讲就是要"定制"！

坚持这三个原则，实现家族智慧与专业价值融合的问题就不大了。

道生篇

逻辑重述——家族财富管理整体解决方案

第8章

守住底线，再谈其他
——什么才是当下家族（企业）最迫切的诉求

从大背景出发，才可以发现正确的答案

之所以不厌其烦地强调家族（企业）所面对的挑战，是为了让大家更充分地认识财富管理的大背景，更准确地发现家族（企业）的诉求，尤其是当下最迫切的诉求，进而澄清一些认识上的误区。

家族（企业）进入世代交替期、所有权更迭期、转型升级期三期叠加的观点由来已久，这是当下被普遍认同的家族（企业）财富管理的大背景。

三期叠加是中国家族（企业）所面临的全部核心挑战吗？答案是否定的，还有一个"全面合规期"的重要挑战被忽略了。

世代交替　所有权更迭　转型升级　全面合规

世代交替与所有权更迭主要对应的是权杖交接、财产传承及文化相续三个核心问题。从现有状况来看，既有截至目前比较成功的例子，如方太、美的等，也有不胜枚举的失败案例。

问题的关键在于每家情况各有不同，"家家有本难念的经"，家族成员、家族及家族企业的差异性和复杂性决定了成功经验的不可复制性。总体上感觉绝大多数家族并没有找到更好的办法，更多的是无奈与焦虑。

转型升级是一个老话题了，很多家族企业领域的学者目前将研究重点转移到了家族创业上，为什么？实际上也是基于家族转型升级的大背景、大

挑战。

唯一不变的是改变。随着境内外各种制度体系的合围与打通，国际协作的广泛推动与执行，全球财富管理的底色已彻底改变，从"灰色"转为了"透明"，这是一个确定的、不可阻挡的趋势。

家族（企业）如果依然以习惯性的"躲、藏、跑"进行应对和安排，不仅其中的空间和可能将被持续挤压，而且一旦被发现或击穿，其后果往往是家族（企业）无法承受的。无可回避的是，全面合规的时代已经急速而来了，全面合规已然成为家族财富管理必须面对的基础逻辑。

合规者生，不合规者死，合规已经涉及家族企业的生死问题。

2018年国家在社会保障政策执行层面的调整动作把所有企业家都"惊着了"，引起了轩然大波。为什么出现如此大的反应？不仅是因为真正合规的企业并不多，而且更为重要的是也许大多数企业根本不可能具备相应的合规能力！对特定行业或业态而言，全面合规之下以往的商业模式也许是不成立的。

尤其严峻的是，中国家族（企业）面对的不仅是中国境内的全面合规，随着中国家族（企业）直接或间接地深入参与全球市场竞争，事实上要面对的是全球的全面合规。全面合规对于以野蛮生长甚至灰色生长的模式成长起来的中国家族（企业）而言，是可望而不可即的。

全面合规使家族企业面临的不仅是经济风险的问题，很有可能面对的是民事责任、行政责任及刑事责任多重风险的叠加，涉及的不仅是家族企业的安全问题，更涉及家族及家族财富的整体安全，同时也涉及家族成员的个人安全及资产安全。

有一种观点认为，家族企业及家族企业家最大的风险就是刑事责任的风险，从某种意义上说，这并不是危言耸听。

"剑"早已悬在头上，只是家族尚未感受到其中的"犀利"罢了。

私董会的启发，如何才能为家族（企业）把脉

目前大家对于家族（企业）保护目标，或者说家族（企业）保护诉求的重视程度还是有所欠缺的，具体表现在对保护的迫切程度认识不充分，对于实现保护的考量要素把握不准。

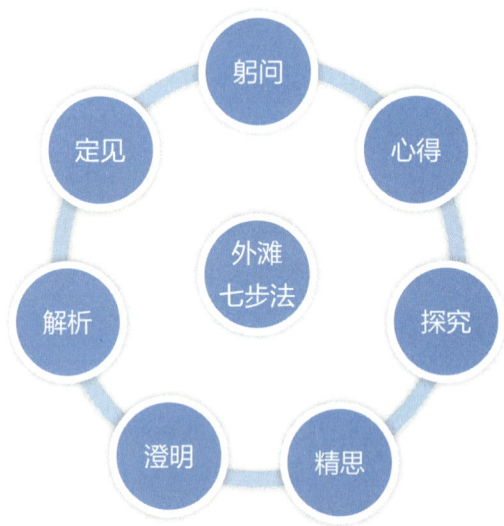

导致这个局面的原因很复杂，不仅与家族自身的认识能力有关，同时与家族没有掌握正确的认知逻辑有关。

大家可能参与过私董会，在私董会会议的推进过程中，通过多个环节对当事者的问题进行不断澄清，进而发现真正的问题核心，往往会发现最初提出的问题并不是真正需要解惑的问题，这个过程无疑是决定私董会成功与否的关键因素。

每一个人都有认识的局限性，从某种意义上讲私董会实际上是一个通过助力与助缘提升当事者认识能力，并排除认识干扰的活动。一个人提出的问题往往不是他真正想问的问题，甚至也不是他真正应当关注的问题，一个人所表达的诉求很多时候也并不是他的真正诉求。

按照这个逻辑，家族提出的诉求并不是真正诉求的可能性很大。这就是我们为什么一定要强调对家族财富管理诉求必须进行持续澄清的根本原因。

这个判断与家族财富管理的实务经验是一致的。家族就家族事务提出的诉求一般而言是不准确的，往往是大而化之或人云亦云的，甚至是南辕北辙的；当然更多的是分不清轻重缓急，发现不了最迫切需要解决的问题，这是一个非常普遍的现象！

很多家族都说要做家族传承规划，实际上经过多轮澄清后发现并不是这么回事，事实上要做的并不是传承规划的安排，而是其他方面的诉求。

有一定比例的家族一上来就说要做家族宪法，而且很坚持。而最终发现他们虽然向往家族宪法的美好，但缺乏对家族宪法的基本认识，而且就家族发展阶段来看，不仅没有制定家族宪法的迫切诉求，更缺乏制定家族宪法必要的家族共识。

要真正为家族（企业）把脉是一个看似简单、实则不易的事，有几个规范是应当遵守的：

其一，对国际、国内的政治环境、经济环境、文化环境及法律环境等大环境与大背景要有把握。家族即使无法洞悉时代的宏观力量，最起码也要理解自己所处的时代。

其二，把握趋势很重要，不仅要观察标杆性的、领先的家族（企业）在做什么，同时也要发现大多数家族普遍性的活动。家族即使无法立于趋势之前，也应处于趋势之中、动态之内。

其三，对所处的小环境与小背景要有把握。这里的环境与背景指的更多的是与家族紧密相关的区域性、行业性的环境因素。家族既要站得高、看得远，也要知道自己身在何处。

其四，对家族内部的人、财、事要系统梳理、检视，形成一个长期习惯，久之则能做到心中有数。梳理的核心不只在于看有什么，也要看没有什么，更要看路障在哪里。

其五，寻求助力与助缘，医者不自医，导入第三方支持，帮助看清自己最为有效。家族不应是病急乱投医，而应有自己的长期保健医生，也应有自己的保健习惯。

如果遵守这几个规范，家族发现自己的真实诉求、最迫切的诉求，找到解决家族问题的起点并不是难事。

确定的答案——应当给家族一个保障支持的底线

家族财富管理诉求可以从两个层面进行梳理，第一个层面是财富管理诉求到底是什么，第二个层面是最迫切的诉求是什么。

就第一个层面而言，家族财富管理的诉求应当是保护、管理与传承并重，同时我们也认为应当对与财富安全对应的保护诉求予以更高的重视。没有家族财富的安全，何谈家族财富的管理？没有家族财富的安全，传承什么？所以家族财富的安全问题是一个基础性问题，保护诉求是一个根本性的诉求。

在困难时刻经常有人会安慰自己"风雨过后才见彩虹"，其中的道理不仅符合自然规律，而且暗含了很多哲学思考，非常深刻。但是如果您在"风雨"中倒下了，"彩虹"实际上已经与您没有任何关系了，这是更现实的状况。

家族财富管理最迫切的诉求是什么？

风险隔离与保障支持是中国家族（企业）最迫切的诉求，对于这一点必须予以明确，家族必须要有足够清醒的认识。

方向	横向隔离	纵向隔离		
路径	资产隔离	安全池		
时间	短期隔离	长期隔离		
空间	在岸隔离	跨境隔离		
工具	家族协议	意愿安排	金融性工具	结构性工具	身份配置

安全的前提是风险的隔离，而且应当从横向隔离和纵向隔离两个角度进行思考。

横向隔离包括了家族（企业）内部，家族成员间、家族支系间、家族企业间及商业体系间的风险隔离。纵向隔离实际上包括了家业与企业的隔离、家族成员与家族企业的隔离，以及家族代际之间的隔离。

无论是横向的风险隔离，还是纵向的风险隔离，都需要在时间、空间、方向、路径及工具上进行系统的规划与考量，方能保障实现。

需注意资产隔离与风险隔离的区别。资产隔离是风险隔离的前提，但一定不是全部。从横向隔离与纵向隔离的内容可以看出，人与人之间的风险隔离也是非常重要的。

只有资产的隔离，没有人的风险隔离，最终资产隔离的目标很有可能是无法实现的。说透彻一点就是，人的因素可能会打通资产风险。风险隔离，既包括人的风险隔离，也包括资产隔离，这一点在实务中很重要。

同时，对家族成员生存、生活、成长与发展的保障与支持，是财富家族最基本的诉求，这一点大家都是理解的。只是财富家族一般认为没有这么迫切而已。

最基础、最基本的事情都解决不好、安排不了，大家觉得其他更为复杂的事情可以安排好吗？或者说其他事情的安排有实质意义吗？

所以说，在家族财富管理过程中基础性的诉求一定是最重要的，也是最迫切的。给自己、给家族一个保障支持的底线，不仅能让自己睡得更踏实，而且也是一种责任，更是一个起点。

每一个人都希望自己、整个家族能够实现内心的安宁、生存的尊严、行为的从容，这可以说是财富管理的终极目标，这一切都离不开一定的物质基础。实现不了基本的保障支持，再美好的目标都是空中楼阁、天方夜谭。

发现一个家族的财富管理基点与起点，找到一个家族的财富管理发动逻辑，必须以每一个家族的诉求作为基点，以家族立场下最迫切的诉求为起点，而不是以财富管理产品或工具为起点，更不是其他。

方法比知识管用，逻辑比方法重要，用对的逻辑去做对的事情，才可以发现真正正确的家族（企业）财富管理路径。

从最迫切的真实诉求出发，才是正确的路径

发现并坚持正确的逻辑是很不容易的，很多时候存在"劣币驱逐良币"的现象。很多家族（企业）在财富管理过程中出现了根本性的路径错误，家族（企业）虽然投入很大的精力和成本，做了大量的高端动作和复杂安排，实际效果却不尽如人意。

什么才是家族（企业）财富管理的正确发动路径呢？有四个关键词是必须刻在脑子里的。

第一个关键词——简单

简单才有力量，这是一个很重要的价值判断。复杂的家族（企业）财富管理安排，未必是一个最适合的选择。简单是一种美，而复杂很难成就美。所以用简单的方法去实现家族的诉求应当是一种追求，可以更好地实现家族价值。

当然，不能仅仅为了简单而简单。有时候一个诉求的真正实现确实需要一系列的复杂安排去完成，需要家族协议、意愿安排、金融性工具、结构性工具及身份配置的综合运用，所以一定是复杂的。

一个复杂的安排，如果逻辑是简单的，路径是清晰的，一般就不会让人

觉得太复杂。

家族很难接受一个自己看不懂的复杂安排。所以，简单很重要！

第二个关键词——迫切

只有最迫切的诉求才是家族必须尽快去实现的，才是家族有决心和动力去实现的，才是家族最容易达成共识的。从最迫切的诉求开始障碍最小，见效最快。

家族财富管理推动的障碍，涉及专业人士与家族的共识、家族内部的共识两个层面的困难。事实上，家族内部达成共识的效率是极低的，往往也是困难的。所以从"迫切"入手是一条捷径。

第三个关键词——真实

不要被家族自我表达的诉求所干扰，专业人士与家族一定要结合家族环境、家族结构、条件、愿景及经验等具体因素，共同对诉求进行反复澄清，从而发现真实的诉求。

对诉求的澄清一定要有耐心，尤其是在一些结构较为复杂的家族中，诉求的澄清比想象的要困难得多。基于各种复杂原因，家族成员的表达往往会非常隐晦，专业人士如果没有一定的鉴别力和经验是很难作出准确判断的。

第四个关键词——出发

实现最迫切的诉求只是一个开始，但确实是一个重要的开始！这就意味着家族（企业）财富管理的正确启动，而家族最终一定是通过整体解决方案去实现家族（企业）财富管理的系统诉求的，所以说这只是出发而已！

开始比什么都重要！这同样也是家族财富管理的经验之谈。

以简单的逻辑，从最迫切的真实诉求出发才是正确的路径。从这个路径出发，家族（企业）在财富管理上会少走弯路，这不仅是一个好的起点，也是一个对的方向！

家族（企业）财富管理不可能一蹴而就，有开始，有过程，有调整，也有持续的优化。

"以慢成就快"，这种感觉和节奏很重要！

今天就是最好的时刻，找准起点，尽快出发，然后一步步按照规划去安排，如果能够实现"小步快跑"，已经非常理想了。

不要好高骛远！润物细无声，没有惊天动地，但当回头看时却已妥妥当当，这也许是家族（企业）财富管理的最高境界！

第9章

必须把握的三个家族财富管理层次
——私人财富管理、顶层结构设计与家族力整体提升

未来已来，整体解决方案的市场观察

家族财富管理市场已经进入市场培育的中后期，不仅引起了财富家族的高度重视，越来越多的机构也基于不同的基因、优势及逻辑进入这个领域。有几个非常明显的市场趋势：

1. 金融机构热度持续增高，不少金融机构对家族财富管理的定位、布局、投入的力度及深度都是战略性的。

2. 非金融中介机构热度持续弥散，法律、税务等中介机构对财富管理的关注度同样是空前的。一些发力较早的机构已经将家族财富管理业务提升为全球视野下的战略性业务。

3. 家族热度持续提升。家族的财富管理理念已经基本形成，而且颇具全球视野，各种不同层次的尝试也在进行中，而且对财富管理的高度、深度与宽度提出了更高的要求。

除了比较容易观察的大趋势，还有一些标志性的动向非常值得关注和思考，比如：

1. 私人银行、信托公司及保险公司等机构都纷纷在建立自己的家族办公室。

2. "定制"已经成为一个财富管理领域最热门的词汇，不仅中小财富管理机构在强调财富管理的定制能力，而且一些大型财富管理机构也在产品体系中不断丰富定制类产品的内容和配比，以响应更丰富的家族运用场景。

3. 此前各个机构大多是"王婆卖瓜，自卖自夸"，竭力渲染自己的产品、工具或能力的过人之处，而今天，越来越多的机构强调的是家族财富管理的服务生态，关注的是家族财富管理的整体解决方案。

市场表明，我们一直强调的财富家族单点接入式的定制化的整体解决方案、家族财富管理去中心生态化时代已经到来了。未来家族财富管理的竞争，已经不再是单一机构之间的竞争，而是财富管理服务生态之间的竞争。

财富管理市场发展到今天，人们对财富管理的理解越来越完整和清晰了，到了必须回答什么才是真正的家族财富管理的时候了。

目前可以达成共识的是：家族财富管理是多层次的，是一个整体解决方案，而不仅仅是针对家族成员而展开的私人财富管理。

如果从家族财富管理服务的逻辑、对象、工具、内容及目标等方面进行区别，在实践中可将家族财富管理划分为私人财富管理、家族（企业）顶层结构设计及家族力整体提升三个层次。

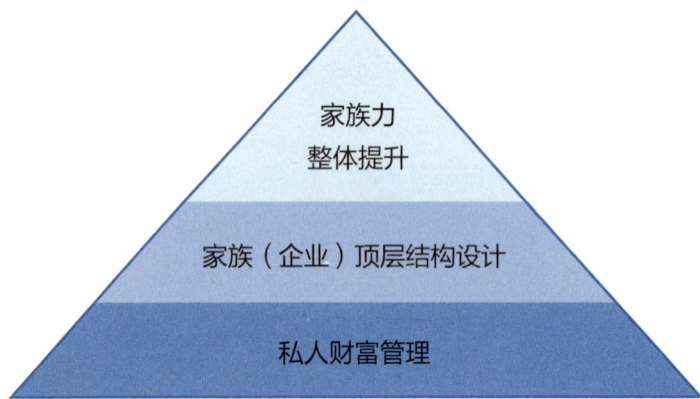

要实现家族财富管理整体解决方案，必须实现以上三个层次的打通。

三个层次应当理解为家族财富管理客观涵盖的三个层次，而非三个阶段，必须整体规划，方能形成一个整体解决方案。

三个层次也可以理解为家族财富管理事实存在的三个节点，必须在整体规划与整体解决方案下同步推进，分步实施。

无论是系统规划与整体解决方案，还是三个层次的具体安排，都应当根据家族（企业）具体情况与诉求，以及环境与可预测期限内的变化趋势进行定制，最终构建一个有序、平衡的家族生态系统。

说通俗一点，一定要用"整体定制"的逻辑打通这三个层次。

家族财富管理已经进入了整体解决方案时代，从某种意义上说，这是一种必然的回归，是财富管理真正脱虚向实抓住了根本，因此把握财富管理层次及财富管理逻辑变得异乎寻常的重要。

试水的主要路径——私人财富管理层次

私人财富管理可以理解为一个行业的指称，也是一个耳熟能详、早已深入人心的概念。在我们团队的研究成果——"对话"系列中，就有一本《对话私人财富管理》，但书中只是借用了私人财富管理的概念，实际讨论的还是家族财富管理的技术逻辑。

这里要探讨的私人财富管理指的是家族（企业）财富管理的组成部分，是一个基础的财富管理层次，也是大多数家族进入家族财富管理领域的主要路径。

私人财富管理层次初步可以归纳为六个特点：

1. 对象以家族成员或非家族性的高净值人士为主。

2. 运用得更多的是遗嘱、遗赠及赠与等意愿安排工具，如以保险为代表的金融工具，以及以婚内（婚前）协议及代持协议等为代表的家族协议工具。近两年监护协议、生前预嘱、家族信托等工具的运用比重有所增加。

3. 主要解决的是婚姻风险管理、继承风险管理、复杂家庭多发风险管理及赠与等财富流转风险管理等家事问题。

4. 在私人财富管理层次中，也会涉及家族及家族企业，但此时，家族、家族企业更多的是作为财富管理的考量背景，而往往不是财富管理的对象本身。

5. 在私人财富层次，家族只是对财富管理进行初步的接触，普遍处于试水期，家族内部并未形成有效共识或者说也不需要达成广泛共识，同时也未对结构性工具的功能与价值予以充分的理解与重视。

6. 该层次的财富管理安排不仅对家族外部是严格保密的，有可能对家族内部成员也是相对保密的，通常仅仅由核心家族成员参与并完成即可。

确实，目前市场上强调更多的视角是私人财富管理，虽然我们对此一直有一些不同的看法，但存在的就是合理的。事实上我们并不是否定私人财富管理层次的价值，相反，我们认为私人财富管理是一个非常重要的、不可或缺的财富管理层次。

重要的是，私人财富管理的基础和前提是什么？是否充分考虑到了私人财富背后家族及家族企业的因素？是否是在家族（企业）整体财富管理规划下的私人财富管理？

答案如果是否定的，问题就严重了。就家族这个大概念而言，事实上包括了家族成员、家族及家族企业三个主体，或者说三个考量的维度，而三者无论从关系上还是从权益上是互相影响和关联、牵一发而动全身的。

单纯的私人财富管理，虽可能有一定效果，但毕竟是不完整的，往往会顾此失彼，甚至可能因缺乏整体规划，在实施中引发新的矛盾与风险。今天的财富掩体，很有可能就是明天的财富陷阱。

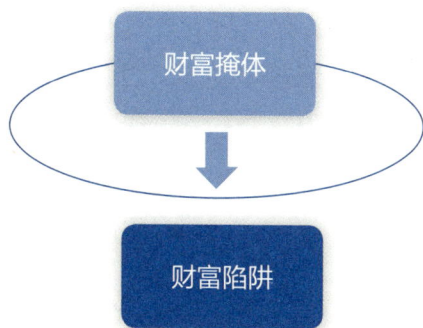

比如说，股权代持虽有一定的财富隔离等功能，但又有名实不符的先天缺陷。此时，既要考虑代持的风险，又要考虑代持风险一旦发生会对家族企业所有权结构的影响，若不从家族企业层面进行相应的考量与安排，显然是不行的。

私人财富管理层次是必要的，但前提是必须置于家族（企业）财富保护、管理与传承整体筹划的大框架下展开。当然，家族也必须认识到，在家族财富管理整体解决方案中，家族成员私人财富管理的安排，的的确确是重要的财富管理实现路径。

最理想的起点——家族（企业）顶层结构设计层次

在早期的私人财富管理过程中，无论是家族还是专业人士，都不约而同地发现，私人财富管理与家族（企业）财富管理根本无法进行确定性的区隔，私人财富管理是家族（企业）财富管理的组成部分，仅仅只将家族（企业）作为财富管理的背景予以考量，显然是不妥当的。

家族从本质上最终需要的是实现家族财富管理的整体解决方案，而这一整体解决方案必须依靠结构性的力量及系统的机制安排才有可能实现。

这就自然进入了家族财富管理的家族（企业）顶层结构设计层次。毫无疑问，这个层次是所有家族进入家族财富管理领域必经的、核心的路径。

处理家族（企业）财富管理事务，一定要从"人"或者说"利益相关者"的关系，以及"权益"的关系两个维度出发，所以家族（企业）顶层结构设计的逻辑主线有两条：

其一，以家族成员规划、家族规划及家族企业规划为先导，以家族与家族企业的同步治理展开的"三层规划、双重治理"的利益相关者关系维度。

其二，以所有权、控制权、经营权及收益权为核心的"家族所有权结构"的权益关系维度。

"人"的
关系维度　"权"的
关系维度

在家族（企业）顶层结构设计中既要关注"人"的关系维度，也要关注"权"的关系维度，这两个一体两面的视角特别重要，不可偏废。

家族（企业）顶层结构设计层次可以归纳为五个特点：

1. 就对象而言，这个层次的财富管理对象涵盖家族成员、家族及家族企业三类。

2. 除运用传统的家族协议、意愿安排及金融性工具外，更多关注家族信托、家族控股公司、家族有限合伙、家族投融资平台、家族特殊目的公司等结构性工具的运用。同时，也特别强调结构性工具与其他工具的综合运用，互相补充，平衡为要。

3. 这个层次主要解决的是家族财富管理的系统性问题，是以家族（企业）的整体保护、管理与传承为内容和目标的。

4. 在顶层结构设计层次，家族的内部共识、认识程度及参与程度已经到了一个新的高度。比较而言，家族内部已经形成核心共识，基本扫清了更深层内部规划的家族路障。

5. 在这个层次除个别特殊安排外，对家族内部成员不再是保密的，而是由核心家族成员共同参与完成的。有一些像李锦记这样的家族，甚至愿意向社会进行适度的分享。

在这里，还是再次向李氏家族表示敬意！财富家族的分享与示范效应对于中国家族财富管理的推动具有特别重大的价值。

在财富管理层次始终强调的家族（企业）顶层结构设计，实际上包括了家族顶层结构设计、家族企业顶层结构设计两个层面，这两个层面是紧密关联、密不可分的，但也存在对象、工具、内容及目标多个维度的差异性。

家族（企业）顶层结构设计这个层面，在家族财富管理系统中起承上启下的作用，向上可以为家族力的整体提升提供必要的结构性支持和准备，向下可以规划、统领并指导私人财富管理层次的布局与展开。从这个层次切入是最理想的财富管理起点，很清晰，也会很有效。

根本路径——家族力整体提升层次

家族财富是由文化资本、社会资本、人力资本及金融资本构成的，这就意味着全部的财富管理活动不能只围绕金融资本展开。那么，财富管理最深层次的研究对象到底是什么？家族（企业）最重要的财富是什么？真正的驱动力是什么？

这是所有关注和关心家族企业的人士反复思考的问题。站在"术"的层面会陷入徘徊，这个时候就需要在"道"的层面进行探寻了，跳出来看问题会让人豁然开朗。这也是我们率先提出"家族力"概念的背景。

家族文化资本、社会资本、人力资本及金融资本强大且平衡的集合体，以及与这个集合体无法割裂的、维持这个集合体有效运行及充满活力的机制，就是家族力。

家族力的提出不仅恰逢其时，而且紧紧抓住了家族财富管理的核心要点，作为家族力整体提升层次的研究对象是理所当然的。在这个层次尝试为家族的生存力、发展力及价值力提供最终答案，可以让所有问题迎刃而解，不攻自破。

这个层次主要任务是两个：其一是家族文化的提炼、养成与相续；其二是家族规章的完善与治理机制的优化。可以看出，这个层次的服务是在家族顶层结构设计基础上的持续进化，家族力整体提升事实上是围绕文化资本展开的。

可以肯定的是，家族力整体提升是家族财富管理的根本路径。所以，对家族力的整体提升这一财富管理层次的足够关注是必要的，而且家族关注得越早、重视程度越高，效果就越好。

这个层次具有以下几个特点：

1. 财富管理涵盖家族成员、家族及家族企业三类对象，而且更关注三者之间的整体性，或者说更关注家族性。

2. 财富管理中除运用传统的财富管理工具外，着重扩展家族意愿安排，进而更多地关注家族宪章等家族共同意愿的达成，甚至着力培育家族信仰这一最高的家族共同意愿。

3. 这个层次主要解决的是家族财富管理的根本性问题，在解决家族（企业）生存力、发展力的同时，更多地关注家族的价值力。不仅关注家族价值与社会价值的契合，更关注家族价值对社会价值的引领。

4. 在家族力整体提升层次中，家族内部已经形成普遍共识，家族已经认识到"传承的财富、永远的精神"等家族财富管理的根本之道。

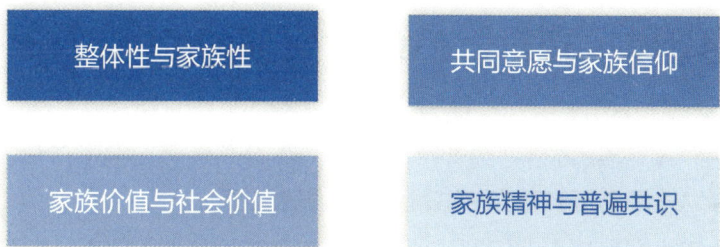

整体性与家族性	共同意愿与家族信仰
家族价值与社会价值	家族精神与普遍共识

整体性与家族性、共同意愿与家族信仰、家族价值与社会价值、家族精神与普遍共识，应当是这个层次要关注的四组关键词，这四组关键词相对准确地概括了家族力整体提升这个财富管理层次的特点。

要特别注意的是，家族力的整体提升是一个系统工程，必须踏踏实实一点一点做起，一定不要有自欺欺人的行为。

私人财富管理属于家族财富管理之"术"的层面，家族（企业）顶层结构设计属于家族财富管理之"逻辑"的层面，家族力整体提升属于家族财富管理之"道"的层面。

区别财富管理层次的目的，并不是去比较层次之间的高低，只是想更为客观地反映一个家族财富管理的事实，看清楚家族财富管理的全貌，更希望借此让家族深刻理解三个财富管理层次为什么要打通，为什么三个财富管理层次的有效打通才是真正的家族财富管理。

第10章

只有校准方向，才能走出误区
——有效打通财富管理的技术与逻辑

脱虚向实，逻辑之下技术、工具的运用和打通

私人财富管理、家族（企业）顶层结构设计及家族力整体提升三个层次的系统筹划才是真正的家族财富管理整体解决方案。

整体解决方案最大的问题是什么？一定是能否落地的问题。听到家族问得最多就是：方案能落地吗？说实话，目前的家族财富管理有点虚，对家族而言"不解渴"，实际落地能力存在较大的提升空间。

家族的诉求已经脱虚向实，不再是空谈愿景、理念与方向，而是要实实在在的方案。那么，如何才能提供可落地执行的家族财富管理整体解决方案呢？逻辑、技术与工具的打通才是落地的关键。

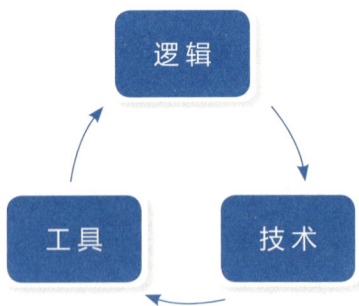

这里讲到的技术实际上指的是财富管理逻辑及财富管理工具的运用能力。

财富管理的工具很多，概括起来包括家族协议、意愿安排、金融性工具、结构性工具及身份配置五大类。

要特别强调的是，每一类工具都有其特定的功能与价值，都有其固有的、特定的"基因"，并基于其特定的"基因"形成对特定财富管理目标的适用优势。同时，每一类特定工具又有丰富的子类型工具。

工具一定不是为了存在而存在的，一定是与特定的经济环境及制度环境相生或相克的，是通过技术与制度顺应或博弈而形成的，这就是不同工具的功能与价值具有差异的根本原因。家族信托的产生不就是最好的例子？

家族信托可谓丰富多彩，不仅有不可撤销的家族信托与可撤销的家族信托的区别；也有境内家族信托与离岸家族信托的选择；有现金、保险金、不动产、经营性资产等不同资产内容的信托；还有保障支持、风险隔离、传承规划、公益慈善等不同信托目的的选择。家族信托有太多的划分标准，也有太多的子类型，同样每一种子类型的家族信托也都有其特定的功用与适用场景。

更为重要的是，通过运用工具的技术，这些工具都有不同程度的演绎空间与余地，这就使得工具变得更加鲜活，甚至具有灵性，成为"活的"工具。

仅就工具而言，工具并无优劣之分，但就特定财富管理目标而言，毋庸讳言，不同工具的实现程度是有较大差异的。如果再考虑技术的变量因素，工具的效果差距往往是巨大的！

家族财富管理整体解决方案，所应对的制度体系、社会环境及家族结构是系统且复杂的。综合运用各类工具更利于发挥各类工具的优势，同时也可形成工具综合运用的整体优势，避免单一工具"能力"的"尴尬"，同时实现工具的效用放大与风险对冲。这已经是一种时下财富管理的必需，也是一个不言自明的道理。

以结构性工具、金融性工具为主导，以意愿安排与家族协议为补强，以身份配置、跨境配置为平衡，将是五类工具综合运用的基本原则，也是五类财富管理工具有效打通的路径。

再好的工具，也要有高超的运用能力与之相匹配。如同驾驶同样的战斗机进行空战一样，不同级别的飞行员所掌控战斗机的战斗力是不同的。工具是"死的"，技术是"活的"，通过"活的"技术实现、提升与放大"死的"工具价值与效用，才是家族财富管理落地的硬道理。

当下财富家族首先应当澄清的两个方向性逻辑

用对的逻辑去做对的事情，才会有对的结果。家族只有同时掌握了工具、技术与逻辑，才可以形成真正的财富管理能力。

家族财富管理逻辑一定是在技术与工具之上的，当下无论是家族，还是专业人士，对逻辑的正确认知与把握都存在一定误区，有必要予以澄清。下面以两个方向性逻辑进行说明：

逻辑一：财富传承只是表象，安全保障才是根本

财富传承只是表象

⇐ = = = = = = = = = = =⇒

安全保障才是根本

这是一个方向性问题，如果把握不准，很可能会出现"还没有出发，方向就错了"的局面。

不可否认，家族财富传承是一个非常重要的目标，而且有一定比例的家族也有比较清晰的传承意愿。但当我们进一步对家族诉求澄清时会发现家族传承可能只是诉求的表象，家族财富管理的根本诉求是安全与保障。

安全的核心是风险管理系统的构建，这是一个长期的任务，显然无法一蹴而就，因而围绕人与资产两个因素构建资产安全池已经成为一个家族必须选择的权宜之计。

这里所讲到的保障实际上是保障支持，主要包括对家族成员的生存支持、生活支持、成长支持及发展支持等四个层次。

对于家族而言，安全与保障是首要问题，安全与保障的实现也是财富传承的前提与基础。

前提与基础的厘清与确认是件决定方向的大事。现在的误区就是在大事

上糊涂了，把小事当成大事，把不急的事当成急的事，把不重要的事当成重要的事。

逻辑二：生前安排为主，身后安排为辅；选择生前看到，避免天堂听到

生前安排为主，身后安排为辅

⇐ = = = = = = = = = ⇒

选择生前看到，避免天堂听到

中国人的传统习惯是有交代而无安排，一般通过最后的口头交代来安排身后事，是否来得及交代只能听天由命，是否能够实现靠的是妻贤子孝，而不是有效的机制。

通过近些年的财富管理教育，已经有一定比例的人转变观念，尝试通过遗嘱及遗赠等方式进行财富传承，这是一个非常可喜的变化。但是，通过遗嘱进行传承安排毕竟还是一种身后安排。

无论是霍英东、张荣发等超级富豪家族，还是普通的财富家族，因遗嘱安排及执行产生的继承争议与内斗举不胜举。这对家族情感的损伤往往是永久性的、无法修复的，更是家族衰败的开始。上一代即使在天堂听到，也只有唏嘘，而无能为力了！

李嘉诚家族通过"察而观之""分而授之""远而离之""传而顾之"及"非而调之"等一系列有序的规划、安排与调整，初步完成了家族传承，这是典型的生前安排。就传承安排而言，李嘉诚要比香港同时代的知名企业家高明很多，最起码李嘉诚在生前看到了家族传承安排的实现。

生前安排与身后安排是一个主与辅的差异，并不是对与错的区别。生前安排具有确定性与可调整性，既可以较为确定地实现传承的意愿，也可以根据实现过程中的具体状况进行必要的主动调整；而身后安排对传承者意愿的实现可能是不确定的，出现问题也往往是不可调整的，通常只能被动适应。

区别不同工具的功能与价值，通过更多的结构性工具及金融性工具，实施以生前安排为主、身后安排为辅的财富传承规划，才是家族财富传承的根本出路。

当下财富家族必须澄清的两个基础性逻辑

家族财富管理的逻辑事实上是多层次的，一些基础性逻辑看似简单，但知易行难；看似平常，却价值巨大。在财富管理活动中进行必要的澄清是很有意义的。下面举两个基础性逻辑的例子进行说明。

第一个逻辑：从最迫切的诉求出发，从最简单的工具入手

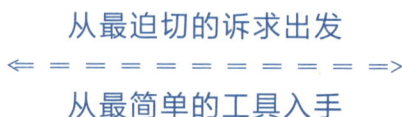

从最迫切的诉求出发
⇐ = = = = = = = = = ⇒
从最简单的工具入手

家族财富管理的诉求一旦引发，家族考虑问题的复杂程度是不可想象的，往往会提出非常宏大的诉求，构建非常宏大的财富管理目标，比如设立家族办公室、制定家族宪法、设立家族基金会及家业永续等。而事实上这些宏大目标的实现是需要条件的，也需要契机，很多目标只有在因缘和合的情形下方可推动实现。

有目标当然是好事，但从另外一个更务实的角度来看，在家族对于财富管理没有深刻理解，家族内部无法达成高度共识，甚至没有紧急事态发生的情形下，越宏大的诉求、越宏大的目标，越是无法推动。很多家族就是在宏大诉求与宏大目标的纠结之中反复徘徊，耽误了最佳的财富管理启动时机，最终连最基本的财富管理诉求都无法实现。

家族财富管理从最迫切的诉求出发是至关重要的。最迫切的诉求实现后，不仅初步解决了家族的后顾之忧，而且为后续进一步的目标实现奠定了基础。

同时，在家族财富管理的前期，家族对于财富管理工具的认识和理解是有限的，尤其对于一些能够兼顾生前安排与身后安排的相对复杂的结构性工

具的理解是不够深刻的，对于家族办公室、家族宪法等工具的价值认识也是需要过程的。由此，在家族财富管理初期，从意愿安排、家族协议等最简单的工具入手反而是较为有效的。

在家族财富管理过程中家族切忌好高骛远，在这个过程中专业人士更不要推波助澜。出发最重要，否则，欲速则不达！

第二个逻辑：既要关注财富管理，也要重视情感管理

既要关注财富管理
← = = = = = = = = = =⇒
也要重视情感管理

家族财富管理的关键是什么？什么才是家族最重要的财富？

家族财富包括人力资本、文化资本、社会资本及金融资本四个方面。近两年，家族文化资本才是家族最重要财富的观点得到了广泛的认同。也就是说，家族文化资本的管理是家族财富管理的关键，文化资本是家族力的核心。

而家族和合既是家族文化的重要内容，同时也是承载家族文化资本的基础。家族和合的重要基础就是家族情感的凝聚，所以家族情感的管理对于家族而言是至关重要的。当然，从另一个角度也可以理解为家族的情感管理也是家族财富管理的重要内容。

情感管理这些根本性的问题往往被忽略了，那应当如何进行情感管理呢？办法有很多，可以通过家族活动、家族会议、家族共同体验以及对家族成员的保障与支持等方式有效凝聚家族情感。

但是，凝聚家族情感最重要、最长效的方式是寻找全体家族成员的共同支点——家族通过开展家族慈善等承担社会责任的方式持久地凝聚家族人心，这才是情感管理的长效机制。

情感管理是文化管理的重要组成部分，在此基础上家族应当保持对家族文化的长久关注，更要重视对家族文化资本的管理。

走出误区，对家族财富管理的三个忠告

走入财富管理误区的后果往往很严重，推倒重来一定会比从零开始复杂很多，不仅会错过重要的时间窗口，而且会让简单的问题复杂化。

很多误区识别不易，笔者仅就常见的误区给家族提出以下三个忠告。

第一个忠告：当下就是最好的时刻

当　下

←＝＝＝＝＝＝＝＝＝＝＝＝＝＝＝＝＝＝＝＝＝＝＝＝＝⇒

就是最好的时刻

在人寿与世事无常的面前，人显得是如此的渺小，如同风中的灯烛一般；无论是谁，个人不慎或迷失下的失误与过失都时有发生，这也是一个不可回避的事实；在文化冲突与人心躁动的当下，最难把握的就是人心，但与人共处、与人共事、与人共生同样也是不可回避的活生生的现实。

每一个人都基于梦想与责任存在于天地之间，甚至希望即使离开这个世界，梦想和责任依然延续。不正面人寿无常、人无完人、人心难测的现状与风险，是不合逻辑的。

财富管理是一种责任！从这个角度来看，财富管理与年龄大小、财富多寡并无必然的关系。

没有任何拖延的理由，财富管理，当下就是最好的时刻！

第二个忠告：不要管得太宽，不要管得太远

不要管得太宽

←＝＝＝＝＝＝＝＝＝＝＝＝＝＝＝＝＝＝＝＝⇒

不要管得太远

财富管理应当围绕家族主线、核心财富以及主要财富管理目标展开。整体解决方案并不意味着在一个方案中解决家族所有的问题，这是不切实际的。

在财富管理中抓大放小、分清主次是很关键的。对于家族支系的保障支持、非核心资产或非核心事务的管理以及附属财富管理目标的实现，可以通过其他方案、运用其他财富管理工具另行作出适当安排。

不加区分地将所有财富管理事务放在一个方案中予以解决，从某种意义上来看是在集中矛盾，增加财富管理筹划和执行的难度。

"不要管得太宽"，并不是让家族放弃应当承担的责任。

毕竟"一代人管一代事"，正确的家族财富管理方案确实应当从长远出发，但要确保实现的应当是中期目标，要做柔性的安排。今天对数代以后的家族事务做非常具体的刚性安排未必具有太大的可执行性，也未必会产生很好的财富管理效果。

世代交替，时代变迁，有太多的不确定性。不给予后代一定的选择与调整的权力，到头来捆住的是自己的手脚。

"不要管得太远"，并不是让家族放弃应有的财富管理远见。

在家族财富管理中，一般以"安排下一代，关怀再下一代"为基本目标，实际上已经可以基本完成任务了。

第三个忠告：不是一个点子，而是一个系统

不是一个点子

⇐ = = = = = = = = = = ⇒

而是一个系统

人们似乎更加乐于用一个好点子、好主意去解决面临的各类问题，这样够简单，也够实用。

但是令人遗憾的是，当遇到复杂的系统性问题时，用一个点子去解决问题是行不通的，而且也是危险的。而家族财富管理就是这样复杂的系统性问题。

听一听专家的点子，然后运用点子解决家族财富管理问题是不现实的。用点子构建的财富掩体，未来极有可能成为真正的财富陷阱。

　　家族的目标是构建一个健康有序的、平衡的生态系统，这个系统无论从逻辑、目标、主体、工具、技术等哪个角度观察都是足够复杂的。用系统的逻辑、系统的思维、系统的工具、系统的技术去系统化地实现家族财富管理就是一种应然。

第11章

把握三个陌生但非常重要的概念
——资本平衡、流动性管理与耐心资本

实现资本长期平衡的四个人方向

《资本的平衡》是我们翻译的一本关于家族企业治理的专著，书中所提出的资本平衡的理论与模型以及由此展开的家族耐心资本的观点在家族企业治理实践中有很高的价值。

家族（企业）所有权结构不是静态的，而是动态的。如果从资本角度出发，资本的平衡又是如何影响家族企业的所有权结构的呢？

家族企业增长资本的需求和股东流动性需求是动态的、不确定的，二者的变化态势将导致家族企业控制权的相应变化。只有实现控制权、增长资本和流动性需求的长期动态平衡，才能保证家族所有权结构的稳定性，这是家族企业可持续发展的基础性保障。

这里说的股东流动性，指的是家族成员希望从家族企业的分红或通过出售股权获得的资金，而增长资本指的是家族企业为持续发展而再投入企业中的资金。

不管家族企业规模大小，在各种资金需求面前，家族企业的资本力量总是相对有限的，股东对于流动性的需求和企业增长资本的需求往往是矛盾的。由此，资金在流动性和增长资本之间的分配涉及家族、家族分支、家族成员及家族企业利益的权衡，以及长期利益和短期利益的平衡。

保守型股东　　　进取型股东
消极股东　　　　活跃股东
小股东　　　　　大股东

股东流动性　←　　　→　增长资本

具体来说，家族企业中一定有保守型股东、小股东及消极股东。这类股东更倾向于关注和期待企业分红，由此满足基本流动性需求。如果流动性需求得不到满足，将可能导致这部分家族股东出售股权变现，势必影响家族对家族企业控制权的布局。

同时，家族企业中也一定有进取型股东、大股东及活跃股东。这类股东更倾向于关注和期待企业发展，所以希望将资金作为增长资本投入家族企业。如果增长资本的需求得不到满足，企业可能无法实现持续发展。

在家族（企业）四期叠加的巨大挑战与复杂背景之下，由于股东的角色、地位、理念、追求等的不同，叠加可能出现的动荡，股东的利益考量产生重大分歧的概率大幅度增加，导致股东流动性和增长资本的矛盾加剧成为一种必然。

在家族企业发展诉求驱动下，如果内部解决不了资金问题，向外寻求解决问题的办法是顺其自然的；而向外寻求股东流动性或增长资本的选择，必然导致家族企业的控制权不同程度地受到影响，实现三者的平衡将更加困难。

实现控制权、增长资本及流动性三者的长期平衡是家族（企业）所有权结构的核心逻辑，无可回避，必须解决。资本平衡的实现可以从四个大方向着手：

1. 通过事先的、合理安排的流动性管理规划来满足股东的流动性需求；

2. 通过股权赎回和转让政策实现股权在确定的方向和范围内的流转，让家族企业所有权保持相对集中；

3. 通过培养耐心资本让股东自愿为家族企业提供增长资本，推动企业发展；

4. 完善家族所有权结构，尤其是强化控制权结构，降低流动性与增长资本对控制权的影响。

随着家族企业所有权的更迭，当所有权传到第三代时，家族所有权可能分散在各个支脉或家族成员之间，控制权更难实现。因此，让家族企业所有权实现相对集中，或者通过合理的治理结构来保障家族对企业的控制权，是至关重要的。

流动性管理：提供的流动性越多，需要的流动性越少

家族成员、家族企业股东的流动性需求是必然的，流动性的满足也是家族企业价值创造的重要目标。流动性管理不是完全避免流动或限制流动，而是通过事先的流动性政策，锁定流动的方向，确定流动的频次，合理降低流动性需求带来的影响，从而实现家族流动性需求的有效管理。

紧急的需求 （出售股权）	经常的需求 （获得股息）	持续的需求 （关注资本价值）
● 家族支脉退出 ● 支付遗产税 ● 离婚分产 ● 偿还大额债务	● 日常生活费用 ● 子女教育费用 ● 医疗费用 ● 其他	● 短期内变现 ● 稳定和合理的股息 ● 稳定和合理的资本利得

家族成员的流动性需求有很多划分方法。为了方便理解，可以从频次上划分为紧急的需求、经常的需求和持续的需求。紧急的需求通常包括家族支脉退出、支付遗产税、离婚分产及偿还大额债务等，一般通过出售股权的形式来满足；经常的需求通常包括日常生活费用、子女教育费用和医疗费用等，一般通过获得股息来满足；持续的需求是指家族所有者对于家族企业股权资本价值的关注，如果股权可以在短期内变现，并提供稳定和合理的股息和资本利得，持续的需求就得到了满足。

事先安排和突发应对有天壤之别，因突发的流动性需求而最终导致丧失家族企业控制权的案例比比皆是。

在一家由多个家族分支持有股权的非上市家族企业中，一个持有大量股权的家族分支突然提出要尽快退出家族企业，但家族其他支脉没有足够的能力收购股权，家族企业本身也无力回购，导致一个非常有实力的战略投资人进入企业，后续引发了一系列的控制权争夺。在这个过程中，家族几个分支

逐渐被分化，最终整个家族在家族企业被并购后黯然离场。

当然，完全没有流动性管理的家族还是不多的，许多家族或多或少会有一些非正式的流动性管理。比如将每年的家族企业利润分为两部分，六成用于再投资，四成用于分红；又比如在家族成员创业、留学、结婚、生子等人生关键时刻，家族给予资金上的支持等。

非正式的流动性管理，只能一定程度上解决家族成员的部分而非全部的流动性需求，这显然是不够的。家族应当制定股利分配政策、临时流动性贷款政策、股权赎回和转让政策等流动性管理政策，进行必要的、正式的流动性管理。

设计流动性管理政策时要特别考虑企业状况，比如家族企业的盈利情况、未来的投资机会、流动资金状况等，同时还需要对家族成员的流动性需求比如日常开支或重大事件的支出等作出预判。

这里的重大事件，指的是可能产生重大流动性支出的偶发事件。比如离婚，由于离婚可能导致股权分割，家族为了保留股权而不得不支付大量现金；又比如某位股东离世，随着越来越多中国家族移民海外，在海外股权继承时，家族需要拿出大笔资金支付遗产税等税款。

除了做好流动性管理，家族还应设定一个"保险"机制，通过所有权结构的设计从根本上降低因流动性管理失效带来的影响与成本。

除了应对偶发性事件导致流动性需求的安排外，有关可预见的持续的流动性需求的安排也同样重要。只有这样，股东才能预见自己的未来，确信自己可以得到持续的保障，从而安心支持家族企业的发展。

因此，一个稳定、可预期、相对公允的股利分配政策显得尤为重要。正所谓，家族企业提供的流动性越多，股东所需要的流动性就越少。

控制权底线：股权赎回与转让政策

若股东决定通过转让部分股权或者全部股权以换取流动性，此时家族（企业）应该如何应对呢？这是绝大部分家族（企业）现在和未来要面对的大概率事件。

这种股权的变动最终可能会影响家族（企业）资本的平衡及所有权结构，绝对不是小事。如何实现股权在确定的方向和范围内有序流转，让家族企业所有权结构保持稳定呢？这就涉及股权赎回与转让政策了。

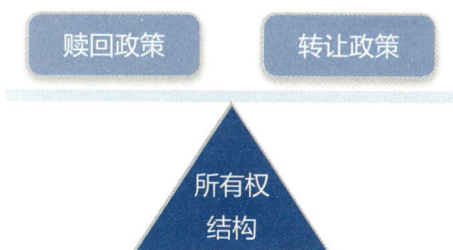

赎回政策　　转让政策

所有权
结构

在这方面，穆里耶兹家族是一个可以公开讨论的范例。该家族至今仍控制家族企业八成以上股权，这很大程度上得益于他们的股权退出政策：当家族股东想要出售股权时，应当提前通知家族委员会，由家族委员会安排对股权进行评估，再用家族的流动资金购买股权。

穆里耶兹家族低调平稳地传承了一个多世纪，虽然不是传承最久的家族，但绝对可以称得上传承最平稳的家族。我们从相关的公开信息分析，可以对穆里耶兹家族的股权赎回与转让政策的核心安排作出以下判断：

1. 股东想要退出，家族将会购买其股权。这说明家族对所有者将股权出售给家族以外的主体是有严格限制的，同时也说明家族对股权在家族内部的再分配是有标准和要求的。

2. 设立了专门的流动资金来满足股东的流动性需求。可以推测的是，这个资金不仅可以用来赎回股权，还可以用来满足股东的其他流动性需求，家族的流动性准备是相对充分的。

3. 家族委员会负责对想退出的股东进行安排。这说明家族需要有专门的决策机构及专人负责股东的流动性需求管理。

4. 股东退出必须事先通知家族。这不仅说明这种流动性安排需要事先沟通和协调，也说明家族有必要的流程规范。

5. 由家族委员会安排进行股权评估。这意味着家族对股权流动是有必要的定价机制与规则的。

其实这些要点正是股权赎回和转让政策中最重要的内容，值得借鉴。

在实践中，许多家族企业用结构性工具锁定股权，或者以所有权、控制权、经营权及收益权区别配置的逻辑"锁定"家族成员的流动性，避免家族（企业）控制权的弱化或丧失，这是家族所有权结构的设计问题，不在这里深入讨论与评价。更多的家族（企业）在结构性工具安排之外，还会留有少部分家族企业股权由家族成员个人持有，这也是出于所有权结构的柔性考量，为家族成员出售少量股权换取流动性提供可能并做好准备。水星家纺的李氏家族和鹰君集团的罗氏家族便是如此。

这样的安排确实是充满智慧的，家族保持股权集中与控制权稳定的同时，也保留了家族股东获得流动性的自由，事实上还兼顾了税务筹划的考量。

此外，家族还应特别关注基于财富多元化而产生的流动性需求。在家族企业发展的初期，财富绝大部分集中在企业股权，而传到第二代、第三代时，部分家族成员为了分散风险，有将部分企业股权转为其他类型资产的需求，此时股权赎回与转让政策对家族而言就变得尤为重要。

当然，股权赎回与转让政策一般不是独立发挥作用的，依然要与家族的流动性管理、所有权结构及耐心资本共同作用，这样才更为有效。

全新视角，耐心资本是家族企业的核心优势

家族（企业）流动性管理的政策与安排显然是必要的，合理的规划不仅可以有效管理流动性，更可以减少因实现流动性需求对家族（企业）带来的影响。那么，有没有从更深层次的思考来入手解决这个问题的路径呢？这就涉及家族企业产生的耐心资本。

耐心资本从字面上理解，是能够有耐心长期投入家族企业的资本。

首先，耐心资本并不局限于金融资本，它同时也包括了文化资本、人力资本和社会资本，即包含了投入家族企业中的家族理念、价值观、家族成员的任职以及社会关系等。

其次，耐心资本可以理解为一种短期与长期的取舍，家族成员由于对家族企业的感情、认可、投入和信心，愿意牺牲当前的流动性，以换取稳健的长期收益。

最后，从财务上来说，耐心资本的成本更低，投资期限更长。

流动性安排并不是对家族企业财务上的一种拖累；相反，适时、适当的流动性安排可以让家族成员感到安心，这有利于耐心资本的产生。

业内普遍认为，在众多企业中唯独家族企业会产生耐心资本。源于家族成员之间的深厚感情，共同认可的家族文化和价值观，加上共同为家族企业打拼和实践价值观的宝贵经历，使得家族企业在团结和投入度方面可以达到其他企业一般无法企及的高度，由此产生的耐心资本成为家族企业最为关键的竞争优势之一。

家族企业天然具有产生耐心资本的条件，但是耐心资本并不会自然产生，培养耐心资本需要家族进行长期持久的投入。

要真正理解耐心资本，还需要理解家族效应。家族效应指家族成员对家族企业的满意度与信心，以及投入度与风险忍耐度，是形成耐心资本的重要因素。家族效应越高，耐心资本的成本就越低，反之亦然。

建立良好的沟通机制、打造共同的利益和价值观、进行股东教育是培养家族效应的基本方式，而唯有完善的家族（企业）治理才是提升家族效应的有效方法。

如果家族企业拥有足够的耐心资本，这些股东对流动性的需求就会变低，更愿意将资金投入增长资本；家族企业因此发展壮大，盈利能力增强，更能满足股东的流动性需求和为企业提供增长资本；家族效应也由此提升，耐心资本将会得到进一步增强，由此形成良性循环。

因此，提升家族的耐心资本不仅是手段，更是结果。

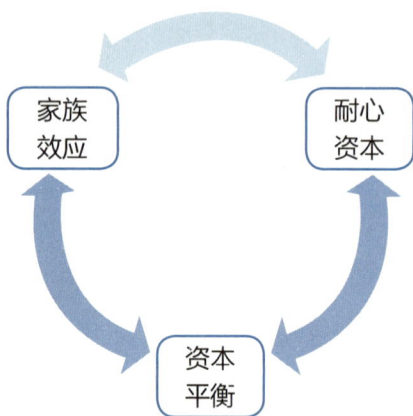

提升家族效应可以弥补股东流动性的不足，形成耐心资本，股东愿意将资金长期投入家族企业中，以获取更高的长期回报。家族企业从外部进行融资的需求减少，股权掌握在家族手中，控制权就会相对稳定。这样就实现了股东流动性、企业增长资本与控制权的长期平衡。

耐心资本是一个全新的视角，也是家族企业的核心优势，对家族企业的发展有着深远的意义和影响，家族要关注、要培育，更要发挥。学界也有必要就耐心资本进行更深入的研究，不仅要研究耐心资本的形成与作用机理，更要研究耐心资本与资本的平衡、所有权结构、家族力及家族特殊资产等其他家族（企业）财富管理要素之间的内在关系。

外部融资——需要与底线的平衡

外部融资是家族（企业）发展过程中最重要的商业活动，一般会在家族企业的经营性层面考量，因此家族（企业）财富管理领域较少触及这个方面。

但是，当外部融资导致家族（企业）所有权结构变化时，很有可能会影响家族的控制权，甚至最终影响家族资产的整体安全。这不仅与资本的平衡相关，更是一个标准的家族（企业）所有权结构问题。

在家族（企业）的各个发展阶段，资金来源都是个重要的瓶颈。家族企业发展初期一般依靠自有资金，但随着家族企业的不断发展，当家族（企业）的战略和股东流动性需求需要更多资金时，仅仅依靠内部资金难以满足，家族往往会考虑引入外部资本。

家族企业进行外部融资的关键不在于是否能拿到资本，而在于是否能拿到合适的、安全的资本。家族需要梳理自己的战略规划和股东流动性需求，寻找匹配的外部资本来源，这是一个基本原则。

运营资本	过桥资本	过渡性资本	战略资本

根据时间长短和所起作用，可以将资本划分为运营资本、过桥资本、过渡性资本与战略资本，每一种资本需求都需要找到相匹配的资金来源，比如银行信用额度、银行融资、机构债务、私募股权基金、夹层基金、战略合作伙伴、家族企业投资人等。

不同的机构、不同的资本有着不同的"基因"，这是家族一定要深刻理解和把握的。"家族企业死于融资"，似乎已经成为一个魔咒。家族（企业）在决定是否引入外部资本时要慎之又慎。

其中应当特别注意私募股权基金。私募股权基金融资有很多优势，可以优化家族企业的财务状况，保留举债的空间，也可以在战略、管理、合作等多方面给予家族企业支持，甚至可以提供其他多种金融资源。

大多数的私募股权基金都有主攻的领域，有些擅长或偏好互联网，而有些专注于医疗保健等。它们对于投资企业所处的发展阶段、规模、地域等也都有自己的偏好。家族企业可以根据自身情况，选择合适的私募股权基金。

当然也有一种特别偏好和适合投资家族企业的私募股权基金。近年来，家族办公室和财富家族也成了活跃在私募股权界的重要力量，与其他的私募股权基金相比，他们更了解家族企业的特点，投资期限更长，家族之间的合力可以撬动更多的资源，产生更大的能量。这充分反映了目前中国财富家族之间合作发展的趋势。

关键问题是，私募股权基金一般要求在3~5年时间内获得数倍的回报。私募股权基金为了保护自身的利益，在投资之前都会让企业签署一系列制约企业原股东而保障基金自身利益的协议。如果家族企业未能让私募股权基金在投资期限内以合理的回报实现退出，则可能触发一系列的问题，使得家族承担高额的财务损失，甚至导致家族丧失对企业的控制权。张兰家族引入私募股权基金后丧失了对俏江南的控制权，就是一个惨痛的教训，这样的例子实在是太多了。

所以，不管是引入何种外部资本，家族企业都应通过所有权结构的安排及企业治理的优化来保持家族对家族企业的控制权，守住自己的底线，但在需要与底线之间平衡不是件容易的事。

第12章

全新视角：以合伙关系透视家族（企业）
——理念、价值、感情、行为、控制与利益

血缘、情感与文化以外的理性的维度

合伙人的概念已经变得非常时髦，好像一个组织或机构不讲合伙人这个词、不引用合伙人制度就会落伍似的。

这在很大程度上有赖于电影《中国合伙人》对合伙人概念的普及。虽然电影以"新东方三剑客"为原型的故事演绎远不如现实中俞敏洪、徐小平与王强"三剑客"的合与分之间的合伙人关系来得真实与精彩，却阴差阳错地以娱乐化的形式宣示着一个时代——合伙人时代的来临。

这是一个很有趣的现象，很多专业术语，包括家族信托、家族办公室等财富管理中的技术与工具，都是通过娱乐化的方式普及的，电影、电视剧等媒体显然已经成为重要的教育途径了。

除了上面谈到的"新东方三剑客"，"万通六君子""阿里巴巴十八罗汉""百度七剑客"等现实版"中国式合伙人"的离合都是很有关注度的"故事"。这些故事让人们开始对合伙人关系进行真正的反思与诠释。

"阿里湖畔合伙人制度"这个现在进行时的经典案例已经成为企业治理领域研究的热点，显然人们真正开始从制度深度的层面探究合伙人关系了。

事实上，以合伙人关系视角观察家族（企业）颇具意义，而且也非常恰当。

中国的家族企业中，无论是两代创业发展、夫妻共同创业还是同代共同创业，创始人之间不都是合伙人吗？他们在企业中的关系不都属于合伙人关系吗？

两代创业发展型	同代共同创业型	夫妻共同创业型

家族企业创业模式

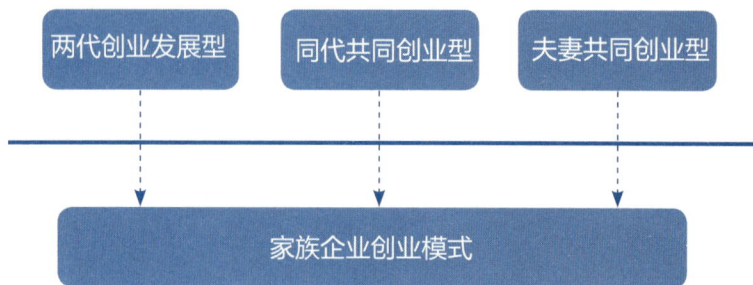

其实，即使家族企业由单一创始人创立，也涉及合伙人关系问题。

其一，如果从家族企业传承的角度来看，家族企业未来必然会进入兄弟姐妹合伙经营或共同所有的阶段；如果能够传承到第三代，家族企业将会进入堂（表）兄弟姐妹合伙经营或共同所有的阶段，这是家族企业必然的发展规律。

其二，已经创业的家族企业同样会与职业经理人、战略投资人及财务投资人产生关系，形成事实上的合伙人关系。

即使仅从第一种情形来看，合伙人问题也是一个家族企业必须面对的问题，传承的安排也可以理解为对未来家族企业合伙人及合伙人关系的安排，是家族企业顶层结构设计中一个至关重要的考量因素。

家族成员之间、家族委员会成员之间、家族理事会成员之间不也是一种合伙关系吗？他们本质上就是合伙人。只是平时我们侧重于关注家族成员间的情感与血缘，没有从社会属性上作出更多观察而已。

合伙人关系的逻辑、原则及影响因素不仅对于家族企业股东是适用的，对于家族成员及家族治理机构成员也是同样适用的。只是与一般的合伙人关系相比较，家族成员之间、家族企业股东之间、家族治理机构成员之间的这类特殊的合伙人关系的逻辑、原则及影响因素有一定的特殊性而已。

影响和确定合伙人关系的要素可以概括为六个：理念、价值、感情、行为、控制和利益，这六要素不是静态的，而是不断变动的，这种变动也导致了处理合伙人关系的困难。

以合伙人关系视角透视家族内部关系，不是为了哗众取宠，而是为了在血缘、情感与文化以外，发现更多理性的维度，这对家族事务的处理一定不是坏事。

理念与价值要素管理的基本对策

在影响和确定合伙人关系的理念、价值、情感、行为、控制及利益六大要素中，理念要素与价值要素是应当首先讨论的，对于家族（企业）中合伙人关系而言更是如此。

理念基础　　价值变动

志同道合最为重要，理念是合伙的基础。

合伙人在创业之初，虽然出发点各有不同，但其初始理念往往是接近的，即使存在差异，通常也会被短期目标或其他影响要素所掩盖或忽视。随着合伙人之间的进一步了解，理念差异会日益被发现，甚至被放大。

即使理念接近，基于合伙人文化、心理、经历和环境差异，合伙人的理念在企业发展过程中也会逐渐不同。

合伙人的理念不仅会变化，而且会持续性地变化，一旦理念出现方向性的差异，往往会动摇合伙人关系的根本。

从家族企业传承角度来看，理念对合伙人关系的影响也是深远的。

即使是兄弟姐妹共同经营，理念差异也可能是巨大的，有时候甚至让人怀疑他们是不是一家人。如果是堂（表）兄弟姐妹之间，这种理念差异就更加不可想象了。

对非家族（企业）而言，解决差异的路径很多；但对于家族（企业）而言，很多时候合伙人之间是带了"手铐"的，欲分不能，最终导致持续的内耗甚至内斗。

"价值"指的是合伙人基于其特定的资源与能力，对于企业或合伙事业所发挥的影响、作用和贡献。

在企业创立之初，合伙人通常是根据每个合伙人对于企业的价值来确定其在企业中所持有的股权、职责与身份的。然而这个判断只能是一种预判，也可以理解为是一种良好的期待。

预测往往会失误，期待可能会落空！合伙人对于企业的价值是不断变动的，有的价值不断增加，有的价值却处于持续递减之中，这种变化必然导致合伙人与其在企业中所持有的股权、职责与身份不再契合。长期持续，后果可想而知。

大部分家族对于家族企业的权益在各子女之间往往也是平均分配的，最起码在同性子女之间是以平均分配为主的。即使依据子女对于企业的价值设定一定的调节系数，落实到权重上，对分配的影响也很有限。可以预见，家族企业中下一代合伙人的价值不平衡现象会更突出。

管理理念及价值要素对家族企业的负面影响有以下几个方向性的对策：

1. 理念一定是根植于家族文化之中的，通过家族传统、家族教育、家族慈善与家族信仰的传承、坚守、关注与培养等方式，逐渐形成家族文化，是解决理念问题的核心；

2. 培养家族成员树立每一代人只是家族财富管理者的观念，即权益是一种责任而非享受，价值投入是一种责任而非选择的价值观，这也非常关键；

3. 做好传承规划，合理配置家族企业所有权、控制权、经营权及收益权，保证权益结构与价值的基础匹配，避免先天不足，这是解决问题的基础；

4. 建立所有权结构的调整、退出及重构机制，使家族（企业）具备调整、重构合伙人关系的能力，同时也给予家族成员合理的退出路径，这也是非常必要的；

5. 避免权益冲突带来价值冲突，分而传之，分而授之，宜分则分，不要将家族成员捆绑在一个家族企业中。

关注情感管理，谨守行为约束

在影响和确定合伙人关系的理念、价值、情感、行为、控制及利益六大要素中，感情与行为要素也是长期发生作用的，不容忽视。

大部分企业属于封闭性公司，具有较强的人合性。即使是公众公司，通常也是从封闭性公司发展起来的，概莫能外。合伙人之间通常会存在直接或间接的血亲、姻亲、同学、朋友等关系，而这些关系的稳定性往往与感情相关。

情感管理　　　行为约束

而感情恰恰是最不稳定的，在目前集体焦虑、信仰危机、文化冲突及迭代变革的社会大环境下，在家族（企业）耐心资本缺失的背景下，感情的变化从某种意义上讲更显无常，日趋复杂，如果与其他要素叠加就更复杂了。

感情的变动是合伙人关系变动的直接因素，同时也是合伙人关系变动最重要的表征。

家族企业合伙人虽有血缘或姻亲的纽带，但所面临的感情因素同样突出，这不仅是中国家族（企业）面临的问题，同时也是全球家族（企业）面对的挑战，这就涉及家族的情感管理问题。我们通常所讲到的既要重视财富管理，也要重视情感管理，实际上主要就是针对感情这个考量要素而言的。

同时，每个人都有自己的行为方式和行为习惯，进而形成不同的行为风格，即我们通常所说的行事风格。有些行为风格是互补的，是可以相互接受共存的，这种例子很多；有些行为风格可能是冲突的，是无法长期共存与共融的，也是无法相互包容的。

行为方式的差异似乎是很容易发现的，但事实并非如此。

在合伙人关系建立以前，合伙人之间有一定的距离，行为风格相互被包容的可能性较大；合伙人关系建立以后，合伙人之间的距离更近了，相互被包容的可能性反而降低了。就如同从恋人关系走入婚姻家庭关系一样，"距离没有了，美也没有了"，这就是所谓的距离产生美。

在观察合伙人关系的过程中，行为方式的影响力越来越被认为是不可忽视的，当然，行为因素的影响与其他因素也是密切相关的。感情好的时候，情人眼里出西施，合伙人的行为缺点是被忽视的；感情不好时，却恰恰相反，鸡蛋里挑骨头。理念相同时，行为风格属于可一笑置之的小节问题；而理念存在差异或冲突时，同样的行为风格也许已经被认为缺乏最基本的尊重。

同样的行为在此时、此地与彼时、彼地得出的可能是完全不同的判断，给予合伙人完全不同的心理感受，进而必然会作用于其他影响合伙人关系的因素。行为这一影响要素在家族（企业）中的显现，与一般的合伙关系人并没有任何不同。

无论是情感管理，还是行为约束，下面这些基本原则是应当倡导的：

1. 坚持密切的交流与沟通，保有彼此的开放与包容；
2. 维护相互的热情与关爱，恪守行为的边界与底线；
3. 保持基本的教养与尊重，关注他人的内心与感受；
4. 善待他人的积极与真诚，永怀内心的感恩与感动。

这些是合伙人情感管理与行为自我约束的基本要求，家族（企业）不仅要关注情感管理，还要形成正式的情感管理机制，同时也要通过必要的家族文化管理提升家族成员的修养与品格。

正视控制诉求本质，尊重利益商业属性

影响和确定合伙人关系的理念、价值、情感、行为、控制及利益六大要素中，控制与利益要素虽然敏感，但很现实，所有的合伙关系都无法回避这两个要素带来的深远影响。

控制诉求　　　　利益格局

控制指的就是控制权！

近些年的控制权争夺大战频发，将万科、国美、雷士照明等公司控制权的争夺简单地归结于利益是否合理？早年香港镛记烧鹅甘氏兄弟的血拼，尚未落下帷幕的鹰君集团罗氏六兄弟的"恩怨"，难道只是为了利益吗？回答一定是否定的。

对于商业机构而言，"真理"往往是掌握在少数人手上的，一个成功的商业机构往往是在一个或两个卓越领导人的带领下前行与发展的，这一点最起码在传统行业里得到了证明。"时势造英雄，英雄造时势"就是这个道理。

每一个人都认为自己掌握了"真理"，希望去实现它，而某一个合伙人掌握的"真理"是否可以实现，与其是否拥有企业的控制权有直接关系。无法掌握控制权的合伙人，从某种意义上讲，即使企业可以实现他的利益，也无法实现他的企业家梦想，他永远无法被证明，永远参与的是别人的游戏。

因此，控制权的争夺在企业发展到一定程度时是必然会出现的。当然，这里我们并不否认可能的控制权收益对于合伙人带来的诱惑，控制权的争夺不排除与利益有关，但实际上与企业家的梦想关系更大。

所以，控制权的问题对于任何一家企业的兴衰浮沉都是或明或暗的主线，家族企业也不可能例外。

利益指的是什么，相对而言是比较清楚的。

利益是企业合伙人关系的出发点，也是归结点。各种因素的变化会导致合伙人利益在一定范围内失衡，利益的失衡反过来又会影响理念、价值、感情、行为及控制等要素。

除了社会化企业，合伙人创办、经营企业的目的一定与利益有关，这是永恒的商业主题。合伙人关系中利益与价值两个要素的平衡是关键，而理念、感情、行为与控制等因素又必然会影响利益与价值要素的平衡能力。

在家族企业中除了家族整体利益以外，还有家族支系的利益、家庭的利益、家庭内部的利益，以及家族代际的利益，不同家族机构之间的利益，利益纠葛复杂而深刻，最终都会直接或间接地体现在家庭成员间的利益冲突上。

利益从来不会因家族成员的血缘与情感消失，如果家族（企业）治理水平较低，家族所有权结构失衡，利益冲突及冲突后果一点都不会比其他企业小，有时甚至更大。

控制与利益都是客观存在的，这是合伙人关系的本质性问题。对此，家族（企业）唯有坦然面对与充分尊重。家族（企业）的目标应当是如何实现约束下的控制，获得控制的正面价值，同时实现家族（企业）内部利益的长期平衡。

控制和利益一定是两个非常大的问题，用一招一式去化解必然是徒劳的。从某种意义上说，家族（企业）治理与家族顶层结构设计试图要解决的就包括这两个问题。

理解理念、价值、感情、行为、控制及利益六个要素不是目的，在家族财富管理整体解决方案中如何合理考虑这六个要素及其关系与影响，并形成系统化的对策才是真正的目的所在。

第13章

家族投资政策声明书
——一份家族投资战略指导手册

家族投资者的角色——"厨师长"与解决方案

家族投资管理的问题是家族顶层结构设计要考虑的重要内容，也是实现家族（企业）财富管理目标的重要环节，其中应特别注意家族投资的顶层逻辑。

从家族财富管理整体解决方案的视角看，要解决的一定不仅仅是"钱"的问题，如何管理好"钱"是家族财富管理领域的核心议题之一。如何管理好"钱"，不仅仅是风险和收益的平衡问题，更是风险和收益相互交换的效率问题。

特别是随着近几年金融监管的趋紧，投资者对投资问题越来越困惑，过往的经验不再适用，市场提供的金融产品也不那么"完美"，引发出有关投资过程中的利益冲突、佣金和业绩激励等问题，这些都迫使投资者调整自己的投资结构。

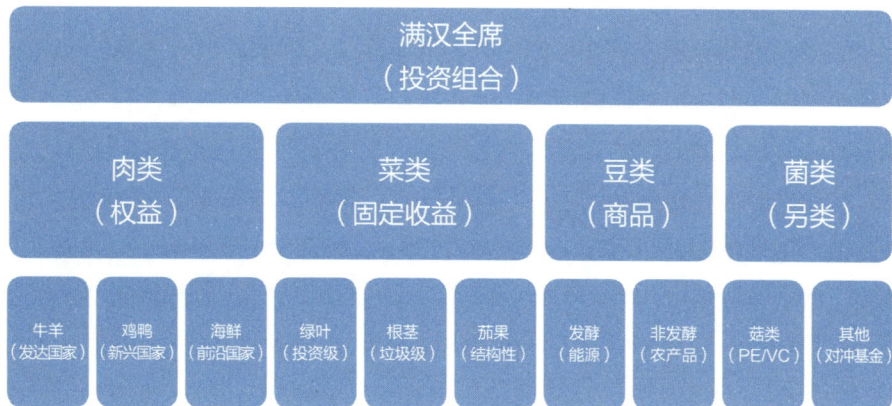

满汉全席 （投资组合）			
肉类 （权益）	菜类 （固定收益）	豆类 （商品）	菌类 （另类）

牛羊 （发达国家）	鸡鸭 （新兴国家）	海鲜 （前沿国家）	绿叶 （投资级）	根茎 （垃圾级）	茄果 结构性	发酵 （能源）	非发酵 农产品	菇类 （PE/VC）	其他 （对冲基金）

当家族投资者在谈到投资话题时，众多信息扑面而来，如宏观经济指数、金融市场表现、成功投资者典范、时代潮流热点、明星投资产品等，他们虽然懂得很多投资的道理，但上场动真格时却容易犯糊涂。

到底哪些是投资者需要聚焦关注的呢？如何化繁为简地把握问题的核心呢？

打个比方，犹如厨师长要做一桌满汉全席，应先确定整体菜式如何搭配，之后才是每道菜怎么做，最后才是具体选哪个食材进行加工。

投资实际上与此非常类似，首先需要投资者自己确定整个投资组合怎么搭配，然后是每大类资产的内部如何调配，最后才是买什么投资产品来实现这种配置。投资者不应只见树木而不见森林，否则容易犯投资的大忌。

也就是说，投资者关注问题的出发点，应当是自身整体投资组合的内部协调，这种高屋建瓴从上至下的全局视角是实现成功投资的重要前提。

再结合中国当前的发展阶段，投资者还需要考虑一个关键问题，即是以产品为中心还是以投资者为中心。

以标准化产品为中心，这往往是金融产品销售人员的视角，也是许多家族初步接触财富管理领域的切入视角。对于金融产品销售人员来说，其主要工作是将合适的投资者与标准化金融产品匹配起来，相当于将一条鱼卖给想要做鱼的人；而以投资者为中心的视角，则是站在投资者立场进行思考，除了买一条鱼，还需要买一些青菜、豆制品和菌类，如此才能搭配好，实现营养均衡。

家族投资者作为"厨师长"这一角色，为了给家族成员乃至子孙后代打造一桌饕餮盛宴（整体投资组合），先构思与调整不同的菜式搭配（大类资产组合），进而挑选市面上林林总总的食材（投资产品）。

厨师长做什么不能问卖鱼的，因为他可能建议你做一桌全鱼宴，也不能问卖菜或者卖调味料的。只有当厨师长将自己定位为一个统筹者的角色，采购市面上能买到的最好的食材，恰当搭配与烹饪，才能打造出美味佳肴。

强调投资者角色解决的是一个视角问题，整体和全局视野是出发点，这个道理是处理事务的基本逻辑，这一点在投资管理领域同样也是要坚守的。同时，投资者要有解决方案的思维，而一定不是产品思维，厨师长的思维实际上就是解决方案的思维，不仅要考虑食者的口味与需要，也要平衡营养的搭配与成本。

战胜挑战才能保有未来的购买力

　　了解家族投资主要面临的威胁与挑战，是家族投资管理重要的起点，可以从九个方面观察家族投资所面临的威胁。

　　威胁一：通货膨胀。30多年前万元户还是成功的代名词，而今千万元甚至都达不到一线城市中产家庭的门槛。战胜通货膨胀、保护财富的实际购买力，比实现一个回报率数字更具有现实意义。

　　威胁二：汇率风险。随着家族财富配置的全球化，收入货币、资产货币和支出货币存在较大错配已经成为一个财富家族的常态，汇率风险将是影响财富的一个关键要素。如何有效管理汇率风险敞口是确保一个投资组合更稳定、更有质量的前提。

　　威胁三：总费用。在进行投资时，家族自然会留意到费用问题，并且也了解长期的费用损耗会消耗大量财富。家族应当以一种"穿透"的视角去关注总费用水平，而非表层的费用情况。

　　费用长期对财富产生侵蚀效应的一个直观例子是，3%的总费用差异会导致4%和7%的回报差异，在50年的投资期后，会导致总回报是本金的7倍和30倍的差异。

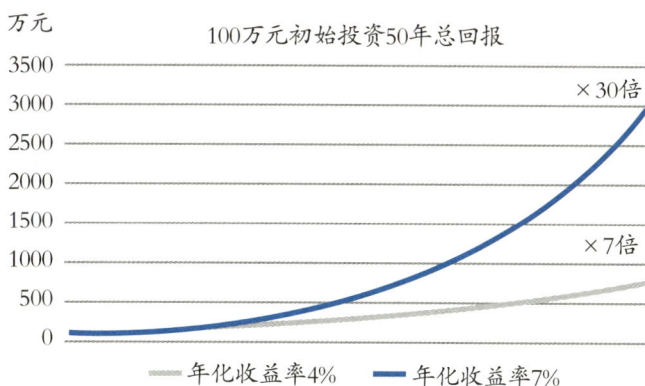

100万元初始投资50年总回报

威胁四：不良投资标的。 投资标的的不良体现在很多方面，比如业绩表现持续差于基准/可比同行、标的违约或无法退出、风险与流动性补偿低或透明度低、投资策略宽泛/漂移或策略失灵、主动管理能力不足、被动跟踪效果不佳、多层费用结构等。

威胁五：错误择时。 一方面，普通投资者容易被市场情绪左右，跟风、追涨杀跌；另一方面，投资机构的销售导向也容易使投资者在市场好价格贵的时候卖，而在市场低迷价格合理时反而裹足不前，一定程度上为错误择时推波助澜。因而对投资组合整体配置的关注应远远重要于择时。

威胁六：市场环境、风险、收益、投资期限和流动性的错配。 一般而言，存在过于激进和过于保守两类错配。过于激进可能会在市场波动时期突破可接受的风险程度，不仅投资者心理痛苦，而且可能影响既定的规划；过于保守则是一种对财富的浪费，因为投资者投资的潜力没有被充分发掘，也是一种损失。

威胁七：未充分多元化。 在复杂的金融市场中，通过发掘不同资产类型之间的正/负相关性关系，并通过数学优化的方式确定其投资比例，就是资产配置优化的过程，这一过程被称为"投资界唯一的免费午餐"。其起到的最直接效果就是在回报不变的情况下，风险更低，或者在风险不变的情况下，回报更高。

未充分多元化和过于保守一样，是一种对投资潜力的浪费。普通投资者可能不会注意到，但是它却是深刻影响了金融界投资哲学的一种思想。

威胁八：所有权风险。 如质押、担保、罚没、欺诈、社会运动、税务责任、婚姻风险、子女挥霍、家人争产等范畴已经超越了投资效率层面，会直接影响到家族财富的所有权。丧失了所有权，财富的长期增长根本无从谈起。

威胁九：时间成本。 对于很多问题，单一的短期影响可能都不大，但累计起来，业绩表现上可能会有几个百分点的差别。对于家族这种长期投资者来说，一代人的时间所形成的，就是几倍几十倍甚至几百倍的差别了。一些微小的差别经过时间放大，会成为难以跨越的差距。

必须建立有纪律的家族投资体系

家族投资需要从整体和全局视野出发，更应以解决方案的思维应对通货膨胀，汇率风险，总费用，不良投资标的，错误择时，市场环境、风险、收益、投资期限和流动性的错配，未充分多元化，所有权风险及时间成本等各类威胁。

要实现可靠的投资目标，家族应当以自身为核心，协同既有外部资源，整合目前已经形成的全球金融网络和业态，打造一个可靠的投资体系。这个体系应当关注以下六个关键方面：

1. 控制力：应具有足够的可控性；

2. 效率：费用及管理层级等影响效率的因素配置合理；

3. 有效性：保持理论有效性，市场分析准确，多元化得当；

4. 透明度：业绩的评估、底层资产的风险状况、最终投向、业绩归因等要高度透明；

5. 灵活性：能够应对市场变化、投资者变化、流动性支持等；

6. 持续性：做到整个体系以及所依赖的各方资源稳定，支出控制在合理范围，相关参与者持续接受教育，沟通顺畅，互信稳固，架构安全。

而这个体系的最终落脚点，则是建立一个量身定制的"进可攻，退可守"的多元化资产组合金字塔。这个金字塔作为家族投资的最顶层结构，分工明确，以固定收益为财富稳定基石，以权益类资产作为增长引擎，以大宗商品作为财富价值储备，以另类投资作为财富多样化配置，覆盖了全球主要的资产类型，并在家族投资体系的管理下各司其职发挥作用，共同维护家族投资的可持续稳定增长。

家族财富管理落脚点为什么是一个量身定制的多元化投资组合呢？有没有什么标准化的方案可以一站式地解决问题？

这两个问题一定是很多家族投资者关心的。标准化的方案不是不可以，但对于拥有大规模可投资资产的家族投资者来说，量身定制的多元化投资组合设计更具有显著的经济意义。

层级（从顶到底）	分类说明
私募股权	另类投资 财富多样化配置
对冲基金	
房地产	
农产品	大宗商品 财富价值储备
金属	
能源（石油&天然气）	
新兴市场除中国权益	权益类资产 财富增长引擎
亚洲除日本权益	
日本权益	
欧洲权益	
美国权益	
通胀连接债	固定收益类资产 财富稳定基石
新兴市场债	
高收益级债	
投资级债	
主权债	

从量身定制的意义来看，投资者在不同层面存在差异，比如目标、风险、投资期限、流动性、投资货币、规模、平台、可投资标的池、投资经验、投资能力、交易成本、与其他财富的匹配，更宏大的背景还包括投资者的人生目标、资本流动限制、金融基础设施、金融市场完善程度、监管与法规、本土文化偏好等，一个量身定制的投资组合可以更符合投资者本身的特征和需要。

从多元化的意义来看，没有谁能准确预测未来，多元化分散的投资组合可以在某一个板块出问题时保护整体的财富购买力，也就是"鸡蛋不要放在一个篮子里"的古典智慧，多元化的程度包括了地域的多元化、货币的多元化、资产类型的多元化、投资产品的多元化、资产管理人的多元化等多个维度。

当然，对这个投资组合的持续动态管理才是家族的主要工作。家族情况在发生变化，经济和金融市场在发生变化，投资产品也在发生变化，如何管理这个动态过程，使家族制定的方案在各时期都保持最佳状态，是一项持久的挑战。

这里探讨的实际上是家族投资的路线图，究竟制定什么样的"纪律"才能保证这个投资管理体系能始终保持最佳状态呢？这就涉及对家族非常重要的家族投资政策声明书的制定问题了。

如何制定家族投资政策声明书

只有在充分了解投资者角色、家族投资的主要威胁以及家族投资管理路线图的前提下，才能更好地理解家族投资政策声明书的价值。

投资政策声明书（IPS）是一个战略性的指导，用于规划和实施家族的投资计划。它提供用于管理所投资资产的框架，并规定管理投资组合的结构、内容和执行方式，以实现家族投资者的长远目标。

制定投资政策声明书的主要原因是，使家族可以拥有一个健全的长期受政策保护的投资组合。如果没有投资政策，在市场动荡时期，投资者往往倾向于即兴作出投资决定，与审慎投资管理的原则不一致。家族投资政策旨在提供一个深思熟虑的框架，以便作出稳健的投资决定。

家族投资政策声明书的功能是多元的，比如可以提供有关政策、实践和程序的书面依据，用于进行投资决策；可以设定一种清楚的基准和框架来确保相关参与者更替时的连续性；可以提供一种清晰的标准用于衡量和追踪计划中的投资是否实现了IPS目标，让参与者可以确信有一个合乎逻辑和有纪律的方法来管理投资计划；以及可以作为防御潜在纠纷的第一道防线等。

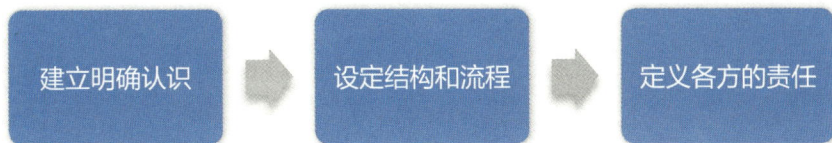

建立明确认识	→	设定结构和流程	→	定义各方的责任

制定家族投资政策声明书有三大步骤：

1. 建立家族对投资目标和目的的明确认识，进而确定家族在风险合适水平上可接受的长期回报目标，以及对风险状况进行合适描述。

2. 为管理可投资资产设定结构和流程，包括资产配置、资产类型与投资组合的组成，进而描述投资标的和基金经理的筛选标准及必须要遵守的任何限制，陈述该投资计划实施和管理的过程，确定该资金被管理和评估的时间跨度，制定评估投资组合资产表现的标准。

3. 定义决策过程及所有参与资产管理各方的责任，确保投资和参与投资管理过程中各方之间的有效沟通，确保控制和管理活动遵守所有适用的质量标准和法规要求。

这三个制定步骤虽然简单，实现起来却颇为不易，这是一个必须由专业人士协助才能完成的工作。

一份典型的家族投资政策声明书一般包括：

投资者情况的介绍，如获得授权的投资者、资产账户信息、投资者情况、目标、投资期限、风险承受度和流动性需求。

战略资产配置框架，如资产类型与基本假设、战略资产配置模型、投资组合回报预测、基于回报基础的其他假设、战略资产配置的更新与调整、再平衡的程序。

投资哲学与执行程序，如资产管理人的投资哲学、多元化政策与投资组合限制、允许投资的资产类型、质量准则、基金经理筛选程序、投资监督和控制程序。

参与方权利、义务、责任与沟通，如家族投资委员会、资产管理人、基金经理、托管人等参与方的权利、义务与责任，投资政策声明书的审查与更新，参与方之间的沟通、会面与报告。

投资政策声明书最终要实现的目标是：家族投资者明确自己的立场，通过家族自己的投资体系，建立一个全球性的多地域多币种多资产类型的多元化投资组合，持续地悉心经营管理，冷静应对全球经济和金融市场的狂热与低谷，穿越时代起伏，惠及子孙后代，支持家族长远价值观的践行。

家和篇

逻辑重述——家族财富管理整体解决方案

第14章

家族（企业）发展的关键路径
——所有权结构的三层次重构

细说家族（企业）所有权结构重构的背景与方向

　　家族（企业）所有权结构重构是顶层结构设计的核心内容。重构是以推倒重来的模式展开，还是以提升完善的方式进行，需根据家族（企业）的具体状况而定，无法一概而论。反复强调所有权结构重构主要基于以下几个背景：

　　1. 家族生态系统与家族力分别解决的是家族财富管理的高度和深度问题，而家族（企业）所有权结构与家族（企业）治理则共同解决了宽度问题。所有权结构的问题解决不好，财富管理的目标则不可能实现。

　　2. 基于家族（企业）世代交替期与所有权更迭期的到来，以及分产、婚变等不确定因素的影响，所有权结构重构是必然的，顺势而为，通过重构提高所有权结构质量是一个必要的考量。

　　3. 野蛮生长难以为继！转型发展茫无头绪！转型升级期、全面合规期叠加导致不确定的外部环境，不仅加大了家族（企业）的系统风险，更导致股东流动性与增长资本诉求矛盾突出，家族发展到了优化与重构生存力和发展力的关键期，所有权结构重构必然是关键路径。

　　4. 随着家族财富管理定位、逻辑及价值的转变，舞台、路径及结构重构是必然趋势，现有的所有权结构关于家族人、财、事的全球布局、合规的格局与视野均存在问题，结构重构必然是重中之重。

　　5. 相当比例家族的所有权结构理念与逻辑既不清晰也不完整，导致所有权结构质量不尽如人意，在实践中无法实现保护、管理与传承的结构性效果，相应的税务效果更是差距较大，到了不得不重构的时候。

相信上述五个背景大部分家族是感同身受的，足以说服家族达成所有权结构重构的共识。

不得不说，万科、国美、雷士照明、鹰君及镛记等知名企业的控制权之争，给中国家族上了一堂堂深刻的所有权结构和现代公司治理课。由此，家族显然已经开始关注所有权结构的问题与价值了，这是一个好消息。

"人"的关系和"权益"关系的博弈与平衡，所有权的集中或分散，管理层的强权或弱势，各有利弊得失，但所有权结构的重构要有方向、有逻辑、有章法！

从方向上对所有权结构重构进行考量，必须把握两个大的视角：

其一，纵向上，所有权结构应当是家族、事业主体和组织内部三个结构层面的整体考量，且能在规划与落地中有效打通这三个层次。

其二，横向上，所有权结构应当从保护、控制权及传承三个结构维度进行系统落地，这三个维度虽可分别予以观察，但规划与落地时必须相辅相成，一并考量。

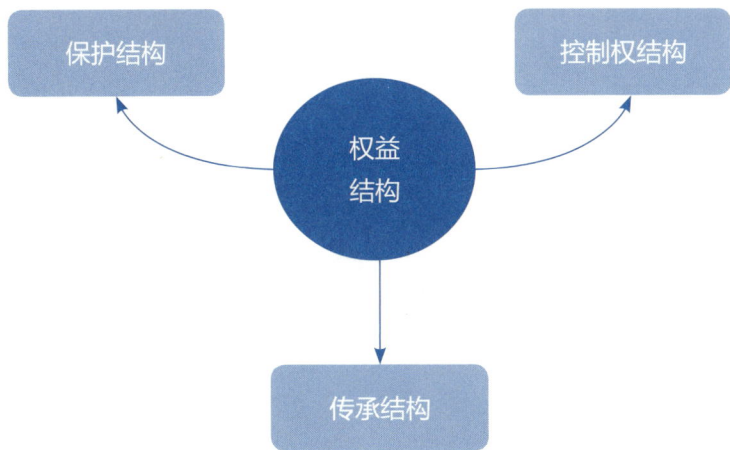

谢张权益结构模型

从两个视角出发进行所有权结构的考量，两个视角互相印证与检验，相互融合与保障，才是完美的家族（企业）所有权结构，方能体现中国家族的长远利益。

同时需要关注的是，尊重家族、尊重资本、尊重管理层智慧、尊重利益相关者基于价值创造的和谐共赢的软治理，与家族领导人、创始人特别权力设计及企业章程自治、政府严格监管等正式制度设计的硬治理的有效嵌入，是确保家族（企业）所有权结构目的实现及企业可持续发展的关键。所有权结构重构与企业治理完善应同步展开，两者是一体两面的。

家族所有权结构规划的原则与要点

在厘清家族（企业）所有权结构重构的背景与方向后，就要考虑如何落地的问题。既然要重构，首先就必须对所有权结构的现状做简单的梳理，这是对症施治的前提。

家族企业是民营企业类别的主体，我们完全可以从当下对民营企业所有权结构的初步评价来了解家族（企业）所有权结构的真实状况。

1. 简单——绝大多数民营企业都是直接的个人持股结构；
2. 盲目——既缺乏法律筹划，又缺乏税务筹划；
3. 单纯——只注重管理，而忽视保护和传承；
4. 短视——只考虑持有问题，不考虑退出问题；
5. 局限——只知道股权结构，不知道所有权结构；
6. 无效——只知道结构设计，不知道机制安排。

评价虽显得尖锐，但道出的确实是实情，这也就不难理解为什么总是要强调所有权结构的系统重构和优化了！

重构一定是从上至下的，只有从家族层面的所有权重构出发，才能做到统领全局。重构应从以下六个原则进行把握：

1. 关注家族整体、家族主要支系及核心家族成员的所有权、控制权、经营权及收益权的配置，既要考虑家族整体布局，也要考虑家族支系、家族成员的安排；
2. 保护结构解决家族（企业）世代交替与安全问题，控制权结构解决家族（企业）转型升级与发展问题，传承结构解决家族（企业）所有权更迭与权杖交接问题，三者应平衡与匹配；

3. 家族（企业）股东流动性、增长资本与家族控制权，三者必然互相产生实质性影响，应确保实现三者动态的、长期的资本平衡；

4. 家族所有权结构与事业主体及组织内部所有权结构的衔接与转化是家族（企业）实现有效、安全发展与延续的关键；

5. 家族（企业）所有权结构与家族（企业）治理是一体两面的，家族（企业）所有权结构的重构过程，也是优化和完善家族（企业）治理的过程；

6. 家族所有权结构重构应当有效配置四项权利，同时有效配置保护结构、管控结构、功能结构、交易结构及赋能结构五个基本结构，同步实现法律筹划、税务筹划、财务规划与财富管理。

这六个原则虽然看起来"虚"，但却是非常"实"的落地要求，以下几个要点在家族所有权结构落地中是不容忽略的：

其一，首先要制定家族所有权结构政策，这是一个大前提。在这个政策中不仅要重述必要的所有权结构原则，也要明确所有权结构的目标，更要描绘完整的所有权结构蓝图。

其二，所有权结构一定要厘清家业与企业、事业板块与事业板块、事业主体与事业主体、家族成员与家族成员、家族权益与非家族权益的边界，实现家族安全、事业安全及成员安全。

其三，要率先形成家族（企业）完整的顶层结构，做到资源与能力的集中与打通，实现境内与境外的跨境打通及多事业板块顶层间的打通。顶层结构在离岸、中岸还是在岸的选择上应根据家族情况及规划而定，但全面合规是最基本要求。

其四，不仅要对一个或多个家族控股公司的所有权结构及治理做精细的谋划与安排，同时一定要为更顶层的家族信托等工具的运用保留必要的接口，并安排必要的具有执行性的对接机制。

事业主体所有权结构重构中的集团化路径

事业主体是指家族所拥有的一个或多个核心家族企业，这些核心企业通常本身就兼具了事业板块的统领功能。在实践中，人们往往将事业主体所有权结构重构聚焦于家族企业的集团化。

集团化的障碍核心来源于对风险集中的考量。试问未集团化的家族企业就是安全的吗？显然不是。只要在所有者层面合规行权、合规履责，在企业层面合规设立、合规运营及合规退出，风险集中实际上是不存在的。相对于集团化为家族（企业）带来的资源、能力、产业、品牌及价值集中的优势，对所谓的风险集中进行适度容忍也是必要的。

当然，在实现集团化过程中，在事业主体与所有者、事业主体之间及公司与公司之间构建风险管理体系一定是非常重要的。

集团化的动因各有不同，普遍的动因是多元发展、风险隔离、资本运作、全面合规或转型升级，以及偶发事件或重大变故的触动。事实上，集团化可以实现家族企业及其利益相关者的多重需求与目标。

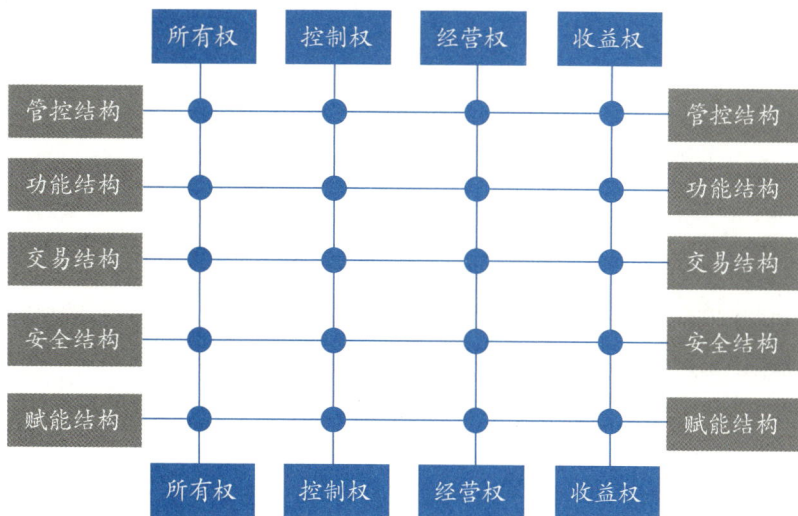

事业主体的所有权结构重构、集团化过程，本质就是核心家族企业的所有权、控制权、经营权及收益权四项权利，以及管控结构、功能结构、交易结构、安全结构及赋能结构五项结构的重新配置过程。

管控结构是指事业体系内母公司与核心子公司的管控关系。不同的家族意愿、发展状况、行业特点、战略规划和商业模式，决定了运营管控、战略管控及财务管控的不同管控模式。不同事业主体可以选择不同管控模式，而混合型的管控模式逐渐成为一种趋势性选择。

功能结构指事业体系内部功能关系的配置。功能公司化是家族企业所有权结构重构以及集团化的基础路径，更是趋势性选择。功能公司化，主要是指将相对独立的业务功能、产品单元或实现场景通过单一或多个公司法人的形式承载和实现。

功能公司化可以发现、放大和提升功能价值，具体为：预留子板块裂变增长的空间；便于投融资；利于集团内外部重组；便于实现营业转让；便于在子板块实现股权激励；便于在子板块引入不同合伙人；重构与集团治理更具柔性；具有一定的税务筹划空间。

功能公司化是基础，进一步延伸的便是事业板块平台化、集团生态化。

交易结构指配置事业体系内部、内部与外部之间的交易关系。典型的如集团内的生产公司与销售公司之间的货物销售交易，母公司与生产公司及销售公司之间的服务性交易。再比如，集团内通常会以子公司持有不动产以预留未来不动产投融资或者不动产出售的法律筹划空间和税务筹划空间等。

安全结构指配置事业体系内部、外部相关者风险管理的结构性关系。包括所有者与事业主体、各事业主体及公司之间横向与纵向的安全管理结构考量。

赋能结构是相对于管控结构而言的，管控结构是核心家族企业对子公司自上而下的控制，赋能结构则是组织对个体自上而下的支持、个体对组织自下而上的激发，两者是收与放之间的平衡。

毫无疑问，集团化不仅要与家族所有权结构相适应，同时也要与组织内部变革相互动。

认识组织内部所有权结构的三个层次

组织管理从管控到赋能，从胜任力到创造力，从个体价值到集体智慧，从分工到协同，从协同到共生，这是非常确定的趋势。

组织内部所有权结构重构的目的在于组织能力的提升，企业发展、战略转型离不开组织能力的支持。

组织内部所有权结构，可以从合伙人体系、激励系统及组织建设三个层面进行观察。

合伙人体系

激励系统

组织建设

合伙人体系既可以是事业板块平台化、集团生态化的需要，也可以是就单一企业引入不同合伙人的系统安排。合伙人关系基于理念、价值、感情、行为、控制及利益六要素而确定，也因六要素变化而发生动态调整，因此合伙人体系的静态治理结构与动态治理机制是设计的核心内容。

通过阿里合伙人制度、小米合伙人体系、百度七剑客、华为轮值制度等耳熟能详的经典案例，人们对合伙人及其价值可以有充分的理解。

构建合伙人体系应当重点关注几个核心问题：整体战略与商业模式；事业主体在整体事业体系所有权结构中的位置；事业主体本身的所有权结构配置；事业主体管控模式的选择与构建；管理团队定位与利益相关者的关系；动态调整与退出的关键考量；成本、效率与安全的协同性等。

激励系统是最为复杂的。激励可以来源于晋升、薪资结构、工作兴趣、内部信任及同事关系的满足，也可以来源于鼓掌、鲜花、赞美和仪式的美好，当然也可以来源于奖金、股权授予等现实利益。

激励应当与幸福感相关，最大的激励来源于授权与信任，激励要创新与持续改变。这些理论研究成果在实践中的关注是不够的，尤其对激励时效性很短、时代性很强以及制度化激励成为"保健"要素等影响因素更是存在很大的认识误区。

从根本上说，激励是一个企业文化问题。如果站在这个角度，显然与单纯以股权授予、奖金分配出发所要的激励系统是不同的。这就是为什么大部分激励系统失效的根本原因。

激励系统在具体规划、构建与执行中应当注意三个核心问题：

其一，激励系统的价值在于打通两个通道：对公司而言，通过压力系统打通责任通道；对员工而言，通过动力系统打通发展通道。

其二，激励系统需要做到与企业商业模式匹配，有效分解企业战略目标，与整体薪酬合理平衡，科学对应岗位价值。

其三，激励系统应做到灵活调整、全面系统，避免时效性与时代性的局限。

现今对企业的高层、中层及核心骨干的激励已不能应对不确定的商业环境和人才诉求，很多家族企业希望通过组织建设激发全体员工的能力。

组织去中心化、扁平化或小而美是一种选择趋势，组织由此越来越灵活。例如，新希望六和的组织变革，海尔的人单合一模式，韩都衣舍的小组织，华为"让听得见炮声的人来决策"，等等。

互联网时代的商业竞争不再是企业规模的比拼，而是客户价值和企业效率的比拼，家族企业同样需要建设去中心化和扁平化的平台或组织为企业赋能。

家族的耐心资本使家族企业根基稳固（这是家族企业的独特优势），组织能力的提升则是保障家族（企业）发展的动力源泉，家族（企业）持续发展需要实现两者的动态平衡。

第15章

"血脉"与"骨骼"同样重要
——六项公司治理机制的再认识

关于家族企业治理核心价值的五个观点

家族企业治理是家族财富管理领域的重要话题之一，其与家族所有权结构共同决定了家族财富管理的宽度。

家族企业治理包含了家族治理与企业治理两方面内容，实践中有几个观点必须重视。

观点一：每个家族企业的治理都是独一无二的，必须进行专属定制

每一个家族的家族血缘结构、家族文化都是不同的，每一个家族企业的家族特殊资产、家族涉入、利他主义及特殊代理的状况也是存在差异的，所以每一个家族企业都是独一无二的，而相对应的家族企业治理必然是独一无二并量身定制的。

之所以强调独一无二，并不是否定家族企业治理的共同逻辑。只有同时把握了共性与特性，才能实现好的治理安排。

观点二：公司治理是商业模式的核心要素，是家族企业保有竞争力的关键因素

现代的企业竞争是商业模式及企业精神的竞争。一个完整的商业模式应当包括公司治理、定位、业务系统、盈利模式、关键资源能力、现金流结构及企业价值七个要素。

商业模式本质上是利益相关者的交易结构，商业模式的设计、构建与

完善实则属于公司利益相关者交易结构及关系的设计、构建与完善，而公司治理恰恰是解决内外部利益相关者关系的核心工具，当然是商业模式的核心要素。

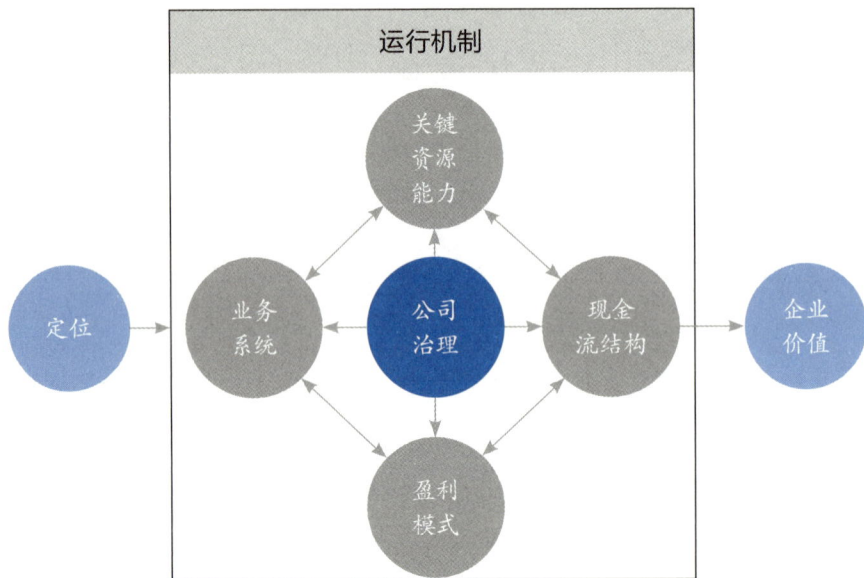

滴滴为什么可以彻底改变人的出行习惯？滴滴以共享为入口，以系统为纽带，重构了司机与公司、乘客与公司、司机与乘客之间的传统关系，其实这一切都是"人"的关系的改变，本质上是公司治理的改变。

家族企业的创新与其说是商业模式的创新，不如说是公司治理的创新。

观点三：家族企业治理是家族企业价值的稳定器，是企业价值的决定要素

企业竞争力的最终体现是企业价值。在企业发展过程中，事实上是由安全、稳定、盈利和发展四个方面的因素决定企业价值的。

战略管理解决的是发展问题，风险管理解决的是安全问题，运营管理解决的是盈利问题，而公司治理解决的则是稳定问题。

稳定是企业价值的基础，一个不稳定的公司何谈企业价值呢？市场上因为丧失稳定而错失发展机遇或轰然倒塌的企业比比皆是。公司治理对于企业价值的意义是不言而喻的，但往往被忽略了。

观点四：家族企业治理与家族所有权结构是一体两面的关系，应当同等重视，同步规划

本质上家族企业治理调整的是"人"的关系，但一定是与调整"权益"关系的所有权结构共同对家族企业及利益相关者发生作用的。二者就如同河道的两边堤岸，共同约束和影响着大河流动的方向，必然是相伴而生的。

观点五：家族企业面临的内部、外部环境处于一个不断的变化中，家族企业治理也应不断调整与优化

这个道理知易行难。如何让家族企业始终保有调整和优化的能力，这就涉及治理机制中的调整机制与退出机制如何妥善安排的问题。妥善的安排离不开对家族（企业）的深刻理解，也离不开对家族企业治理逻辑的把握与技术的熟稔。

上面这几个观点理解透彻了，家族企业治理的价值与重要性也就不言自明了。

"骨骼"与"血脉"——家族企业治理的基本要素

严格而言,家族企业并不一定是公司,也有可能是有限合伙等组织形式,但是为了讨论的方便,在研究家族企业治理时一般会以公司作为标本。无论是治理结构,还是治理机制,一定都是来自法律的规定与执行以及相关者的意定与遵从这两个渊源。

两个渊源同时指向了治理结构和治理机制,这就意味着二者都应当满足必要的要求,同时也都给相关者留有必要的自治空间。当然,治理结构与治理机制共同达成了治理的格局,这一点是从来没有改变的,不仅在公司,在任何组织都是一样的。

换言之,家族企业治理必然也是从治理结构和治理机制入手解决决策、执行与监督等问题的。

若将治理对象看作一个人,治理结构更像是一架"骨骼",支撑其整个身体;而依托于多层次制度体系而构建的治理机制则是"血脉",推动身体的活动。

治理结构中的各个机构以及机构中具体的人实际为所有权、控制权、经营权、收益权的权利载体或者是权利实现主体,所以治理结构的设计极其重要。

权利机制	约束机制
激励机制	责任机制
调整机制	退出机制

需要着重强调的是治理机制，在很多企业中治理机制更多的是出于合规的要求而进行安排，并未真正地发挥必要的作用。封闭公司如此，上市公司的状况实际上也好不了多少。

从某种意义上来讲，没有绝对标准或正确的治理机制，但治理机制必须由六项机制构成这一点是确定的，治理机制包括权利机制、约束机制、激励机制与责任机制四项核心机制，以及调整机制与退出机制两项补充机制。

有权利就要有约束。通过什么样的路径、方法及流程，如何合理地授予或约束权利及其行使，有效地保证权利的有效性和正当性，这是在治理机制安排中首先要解决的问题。

激励机制则是家族企业运行的加速器，有激励则有活力，这是现代组织及组织变革最为关注的；有权利或有义务，就意味着必然是有责任的，所以说责任机制是一种基础性机制。

相对而言，对于权利机制、约束机制、激励机制与责任机制四项核心机制的关注度是更高的，理论界多有探讨，也经历了企业及专业人士的大量实践，法律似乎也给出了更多的指引，这是首先要优化的。

在以永续经营为最高目标的家族企业中应当特别关注调整机制与退出机制这两个补充机制，补充并不是不重要，而恰恰是更重要。

变化是无时无刻、无处不在的。而调整机制，则是随着法律法规、客观环境、利益相关者等因素的变化，对既有家族企业治理予以重新调整的预设机制。调整机制能保持家族企业治理机制的柔性与效应，避免失效、僵局与冲突等治理格局的形成。

流动性是价值的重要体现，退出机制则是依据法律法规、规章制度、契约安排等，确定相关者主动或被动退出家族企业的规则。退出机制为相关者的进入与退出留有余地，避免不必要的"手铐"与"冲突"，为企业流动性构建基础。

"骨骼"与"血脉"同样重要，这是正式治理的视角；其实在家族企业中非正式治理同样对企业及相关者发挥着巨大的影响，从这个角度说正式治理与非正式治理是不可分割的。必须认识到，家族企业治理水平提升的关键影响因素是治理文化的深入。

如何拿捏家族企业治理的平衡之道

一位公司法领域的知名教授讲过：经过这么多年的努力，中国公司的治理水平基本没有提高，只是形式上的完善，并未产生实质上的效果。此话虽然刺耳，但很真实。

公司治理只有普遍实现控制与效率、激发与约束、稳定与流动三个基本平衡，才可以称之为治理水平的真正提高。

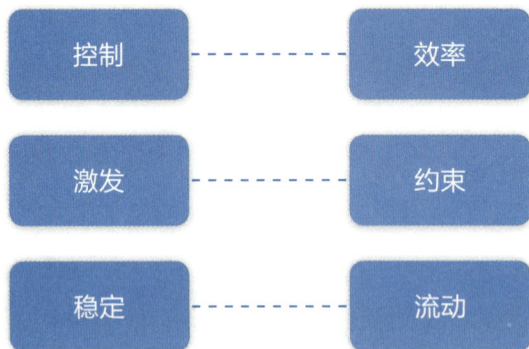

控制	效率
激发	约束
稳定	流动

控制与效率的平衡是一个比较复杂的问题，不能一概而论地否定控制。在家族企业中家族有强烈的控制意愿，而且会通过正式的或非正式的治理实现这种控制，这个道理是非家族成员很难深刻理解的。

在家族企业发展早期，这种控制往往与效率是正相关的，甚至是家族企业的一种独特优势；但当家族企业发展到一定程度后，这种控制往往会导致效率的损失。

很多家族企业的内部组织一改再改，为的就是解决控制与效率的问题，但如果没有必要的治理机制匹配，是无法有效实现的。家族企业只有在守住控制权底线的基础上不断变革，才可能平衡好控制与效率的关系。

关于激发与约束的平衡，实践中虽有管理与治理两个思考的维度，但我们认为与利益相关者关系有关的就应从治理层面去寻找答案。

企业对于激发的时代性与时效性认识是普遍不足的，对于激发的逻辑、路径与方法的认识是不系统的，对于激发的文化本质甚至是忽略的。这就是激发失效的问题所在。

激发是一个认识和理念问题，是激活组织的方法；而约束更多的是技术性问题，是对激发效果的一种保证。这个定位是平衡二者关系的大原则。

稳定与流动的平衡是一个家族企业面临的普遍性问题，一定要达成一些基本共识，否则这个平衡同样是很难实现的：

1. 稳定是企业价值的基础，也是治理对企业的核心价值，是必须维护的。

2. 稳定不等于不流动，流动也不等于不稳定。保持必要的流动、满足必要的流动性诉求，恰恰是实现稳定的关键。

3. 家族控制权、股东流动性及增长资本之间的动态平衡是家族企业必须长期管理的，而且必须从企业和家族层面同时安排。

4. 流动需要通过家族企业治理中的调整机制与退出机制去解决，家族企业保持适当的治理柔性，是应对内外部环境变化的重要能力。

总之，保持家族企业的合规发展、必要的流动性管理及有效的调整机制与退出机制是稳定与流动的平衡关键。

平衡问题最终一定会回归到家族企业治理的定制中，找到现实的解决方案。定制有几个层面是应当把握的：

1. 治理有效性需要以合法性为前提，若是超出合法性边界，往往会使得治理安排的有效性受到挑战，这就违背了治理设计的初衷，对合法性的把握是定制的基本要求。

2. 家族企业治理的特殊性在于家族因素的涉入，需要通过定制在治理层面导入家族精神、家族价值观、家族资源能力等。

3. 需要确保家族企业治理既符合家族价值，也符合社会价值，这是根本性的保证。

4. 需要适应不断变化的条件、目标、环境及家族、利益相关方诉求，定制必须具有可调整性。

家族企业治理是一个复杂而有趣的话题，定制更是一个趋势，期待有更多的家族企业可以充分认识并有效拿捏。

第16章

系统视角考量下的家族企业控制权
——路径、逻辑与节点

从三个层次打通家族企业控制权的实现路径

经营性资产往往是一个家族最核心的资产，也是承载家族荣耀的核心力量，家族对家族企业的控制权是最为关注的！

2018年5月3日，小米集团根据2018年4月30日正式生效的上市规则，以"同股不同权"的形式正式向港交所呈交了上市申请，并于7月17日正式挂牌上市。

在小米成功上市的情况下，雷军通过家族信托享有的小米集团31.41%的股份权益将稀释至23%左右，但通过AB股制度及部分的投票权委托安排，雷军依然可以控制公司50%左右的股东投票权，从而实现对小米集团的实际控制。

每一场资本盛宴，焦点之一都是创始人及其管理团队如何牢牢掌握公司的控制权。不同的商业模式、投融资博弈、法律环境及时代背景，让炙手可热的"大佬"们选择了不同的控制权实现路径，为家族企业控制权安排提供了教科书式的成功经验。

控制权安排应当从家族、事业主体及组织内部三个层面进行整体考量、安排与打通。

控制权考量与安排应着眼于以下五个要点：

1. 家族控制权的集中、家族主要支系及核心家族成员的控制，既要考虑"大控制"的布局，也要考虑"小控制"的安排；

2. 控制权实现应注意与家族企业保护结构、传承结构的平衡与匹配；

3. 股东流动性及增长资本对家族控制权存在实质性影响，应努力实现長期的资本平衡；

4. 权杖交接过程中和完成后的控制权安排应当特别关注与把握；

5. 家族控制权与事业主体及组织内部控制权的衔接与转化是家族对家族企业实现有效控制的关键。

特步丁氏家族的控制权实现路径对五个要点把握得很准，具有代表性。

家
和
篇

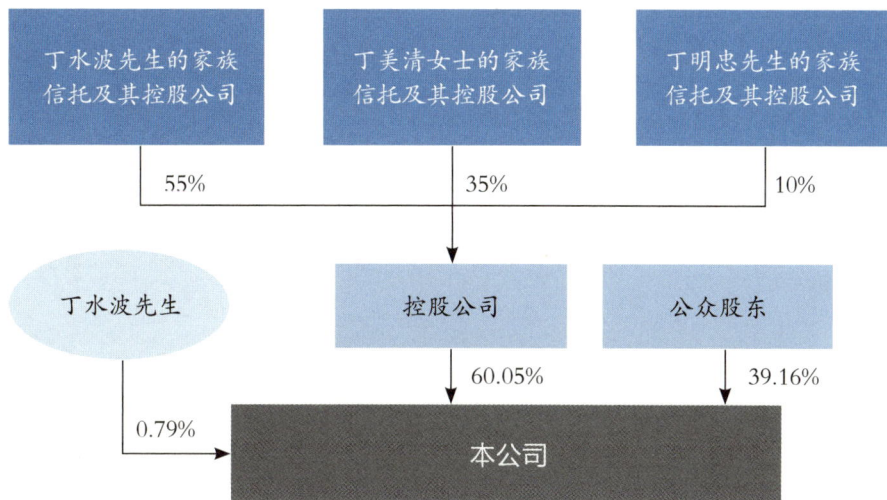

第一层控制：丁氏家族通过三个家族信托完成对三个支系的股权锁定，三个家庭的股权锁定在各自的家族信托中，分中有合。

第二层控制：三个家族信托共同持有家族控股公司的股权，三个家庭的权益又锁定在家族里，避免了股权分散，强化了家族控制与权力集中。

第三层控制：三个家族信托分别持有家族控股公司一定比例的股份，丁水波支系持有超过50%以上的股权，可以控制家族控股公司。

第四层控制：家族控股公司100%持有另一家BVI公司的股份，由该公司持有特步上市平台近六成的股份，再加上丁水波直接持有的少量股份，丁氏家族牢牢控制了特步。

第五层控制：即使家族未来基于流动性或其他诉求需要减持变现，根据特步公司内部有效的控制权安排，丁氏家族的控制权依然是不可动摇的。

第六层控制：特步公司对下属不同业务板块、事业部及职能部门等内部组织的管控及赋能。特步对其组织内部进行了功能公司化、板块平台化及组织共生化，这是组织内部的控制权配置。

上述实现路径层层嵌套、环环相扣，不仅在家族、事业主体及组织内部三个层次实现了家族控制权目标，同时也完成了丁水波支系的主线归集。

控制权安排应当尊重家族成员、家族支系及家族整体的不同价值取向与权益，努力实现其中的平衡。

控制权安排并不是越复杂越可靠，也不是简单就无效。复杂是一种能力，简单是一种智慧，实现控制权的路径有N种选择，总能找到适合特定家族企业的路径。

事业主体控制权布局的五个思考逻辑

在家族层面的控制权安排中，家族信托、家族基金会或者家族控股公司、家族有限合伙等结构性工具的价值发挥，既需要优化工具内部的控制权设计，更离不开事业主体和组织内部控制权布局的完美衔接。

控制权的有效实现，事业主体层面的控制权布局是焦点。在讨论落地安排之前，我们应当关注事业主体控制权布局的五个思考逻辑。

第一个逻辑：控制权安排的五要素

过往大家对事业主体的控制权安排更多围绕股东会、董事会、经营管理层及法定代表人这四个公司的内部机构展开，往往忽略了对于公司关键资源能力的控制与安排，这很可能是致命的。

关键资源能力的控制与安排不仅是控制权实现的重要路径，同时也是企业安全与稳定的基本保证。

第二个逻辑：控制权与现金流权分离

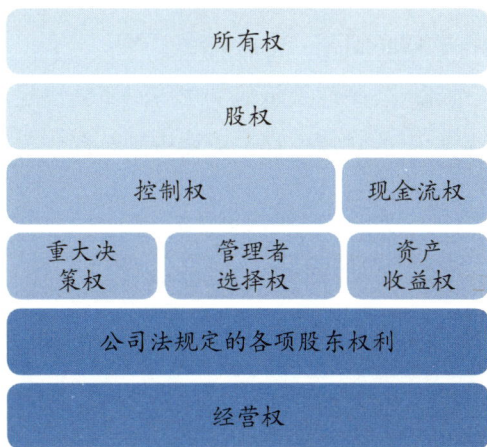

所有权		
股权		
控制权		现金流权
重大决策权	管理者选择权	资产收益权
公司法规定的各项股东权利		
经营权		

控制权与现金流权的分离思维尤为关键。控制权依托于股权（所有权），但又可以独立于股权（所有权），股权（所有权）只是控制权实现的一个基础；控制权与经营权有关，但又可以独立于经营权。

控制权核心是重大决策权及管理者选择权，现金流权则是资产收益权，也就是股东财产性权益。控制权布局的关键并不在于股权比例多少和财产性权益的分配，而在于对重大事项决策权及管理者选择权的系统安排，二者是完全可以分离的。

第三个逻辑：治理结构的系统静态思考

股东会是权力机构，享有最终决策权；董事会或执行董事是执行与经营决策机构，享有重大事项决策权；管理层是日常执行机构，享有日常经营管理权；法定代表人则是公司的意思表达机构，对外代表公司。

在做控制权安排时，首先必须进行结构性的系统静态思考：治理结构的要素是什么？治理结构之间的关系应当如何理解？治理结构之间的权利关系如何衔接？

第四个逻辑：治理机制的系统动态思考

在做控制权安排时，同时应当进行柔性的系统动态思考：治理机制的要素是什么？治理机制的关系如何理解？治理机制的柔性如何实现？

权利机制、约束机制、激励机制与责任机制如何设计，这是控制权安排的基础与前提。调整机制与退出机制应当为控制权预留一个柔性的调整空间，这是控制权安排的核心问题，也是关注重点！

需要特别提示的是：公司章程示范文本等既不能满足不同的家族诉求，更是对动态的治理机制设计非常欠缺，极易导致公司出现僵局，在调整上也不具有可执行性。

第五个逻辑：资本平衡目标下的系统柔性安排

事业主体中不仅要实现家族的控制权诉求，也要考虑股东的流动性需求，以及增长资本的需求。实现三者动态、长期的平衡，是家族、事业主体两个控制权布局层面均应充分考量的。

在控制权布局中家族应当始终保持长远的眼光，应当明确控制并不是唯一的目标，家族（企业）切忌为了控制而控制，实现资本的平衡是更长久的功课和目标，这是家族（企业）的战略性问题之一。

仔细想来，事业主体的控制权布局，不仅有很多值得思考的地方，也有更多实现的可能与挑战，非常考验一个家族驾驭动与静、刚与柔的能力。

控制权布局的十个核心节点

事业主体的控制权也可以称之为公司的控制权，谋篇布局确实不易，就如同链条一般，环环相扣，只要一个环节出了问题，公司就无法正常运转。

事业主体的控制权布局，从大方向上要举重若轻，但在细节上一定要举轻若重，以下这十个核心节点连起来就是一个完整的链条。

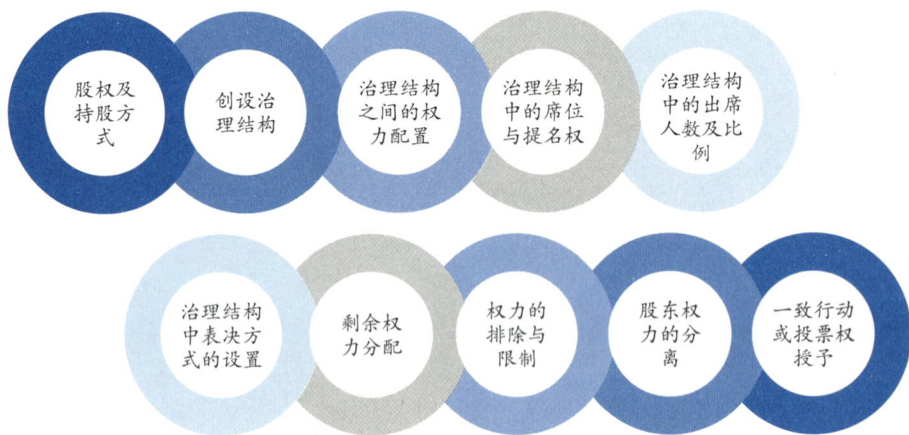

股权及持股方式　创设治理结构　治理结构之间的权力配置　治理结构中的席位与提名权　治理结构中的出席人数及比例

治理结构中表决方式的设置　剩余权力分配　权力的排除与限制　股东权力的分离　一致行动或投票权授予

节点一：股权及持股方式

股权是控制权的基础和条件，股东数量与形式的选择也有讲究。

股权是股东之间控制权博弈的焦点，股权多少对于控制权是有影响的，最低限度会影响控制权安排的难度。

在直接持股之下，股东人数越多，相应的股权及其控制权布局越分散，可尝试改变持股方式，通过间接持股紧锁股权及其控制权。

节点二：创设治理结构

治理结构这个节点非常有价值，但往往被忽视！

在法律框架下设计符合家族意愿且适合家族企业的治理结构，这是必需的选择，这个环节有想象不到的创新可能。

阿里合伙人制度并非只是合伙人内部的制度，该制度已经通过公司章程、资本市场规则的认可，以及与公司章程、资本市场规则衔接，成为阿里集团治理结构和治理机制的核心内容，这是一个协议安排结构化的成功尝试，也是创设治理结构与治理机制的经典。

节点三：治理结构之间的权力配置

《中华人民共和国公司法》（以下简称《公司法》）对股东会、董事会、经营层之间的核心职权已有规定，同时预留了"章程另有规定"的职权或者股东会或董事会"授予的"其他职权作为兜底。

这意味着各治理结构之间权力的配置是控制权安排必须认真思考的问题！控制权可通过治理结构之间从上至下、由下而上不同程度的职权授予或者职权收回实现。

权力的授予和收回都不应导致一个治理机构的形骸化，更不应让一个治理机构成为超级权力机构，这是基本底线。

节点四：治理结构中的席位与提名权

各治理结构中席位设置和提名权安排同样重要！

在"票数决"的情形下，席位与提名权的组合决定了票数的多少或所占比例，所以二者应当一并考量，核心是席位设置及提名权安排应在法律许可的意思自治范围内进行。

节点五：治理结构中的出席人数及比例

各治理结构的有效会议出席比例与人数的设置与控制权也有关系。在特定情形下可从会议能否有效召开的"门槛"一端开始布局控制权。

节点六：治理结构中表决方式的设置

各治理结构中表决方式的设置最为关键！

不同的"出资决"比例和方式，不同的"票数决"比例和方式，直接决定了治理机构的决策结果，这是布局控制权最核心的节点。

需要特别强调的是，"出资决"与"票数决"的有效结合具有放大效应，但这却是很多家族企业最容易忽视的控制权布局节点。

节点七：剩余权力分配

剩余权力分配是最稳健的解决方案，风险较小。

家族企业不宜过分异化《公司法》已经确定的治理机构的主要职权，对《公司法》允许的另行规定职权即剩余权利进行具体安排是最为稳健的控制权方案，风险也较小。

节点八：权力的排除与限制

权力的排除与限制，也是很有效的运用。

具体可以从对特别身份的排除与限制、对特别事项的排除与限制两个方向进行安排，这个节点的设计需要非常慎重。

节点九：股东权力的分离

当通过常规安排无法解决控制权布局诉求时，股东权力的适度分离是解决问题的重要路径。

管理者选择权、重大事项决策权及资产收益权是股东的重要权能，与特定的股权比例是直接相关的，可否不相关或弱相关呢？当然可以。AB股制度、优先股制度、阿里合伙人制度等，走的就是这个路子。

节点十：一致行动或投票权授予

当通过常规安排无法解决控制权问题时，一致行动或投票权授予也是解决控制权问题的另外一种重要路径。这样的例子在上市公司中是非常普遍的。

实践中，不同家族企业对十个节点的把握可能基于对法律的熟稔，也可能出于对意思自治的领悟，甚至是纯粹的创新，但都需要通过必要的法律论证，切记过犹不及！

第17章

家族（企业）规划图
——家族与外部，集中与分散

了解一个重要工具——家族企业规划图

在家族（企业）财富管理中有很多非常重要的工具与模型，如家族生态系统模型、家族所有权结构模型及三层规划治理模型等，这些都是家族（企业）顶层结构设计中非常重要的工具。

就家族企业的规划而言，范博宏教授和莫顿·班纳德森（Morden Bennedsen）教授所创立的"家族企业规划图"无疑可以作为一个重要的实战工具，具有很高的指导价值。

家族所有权分散

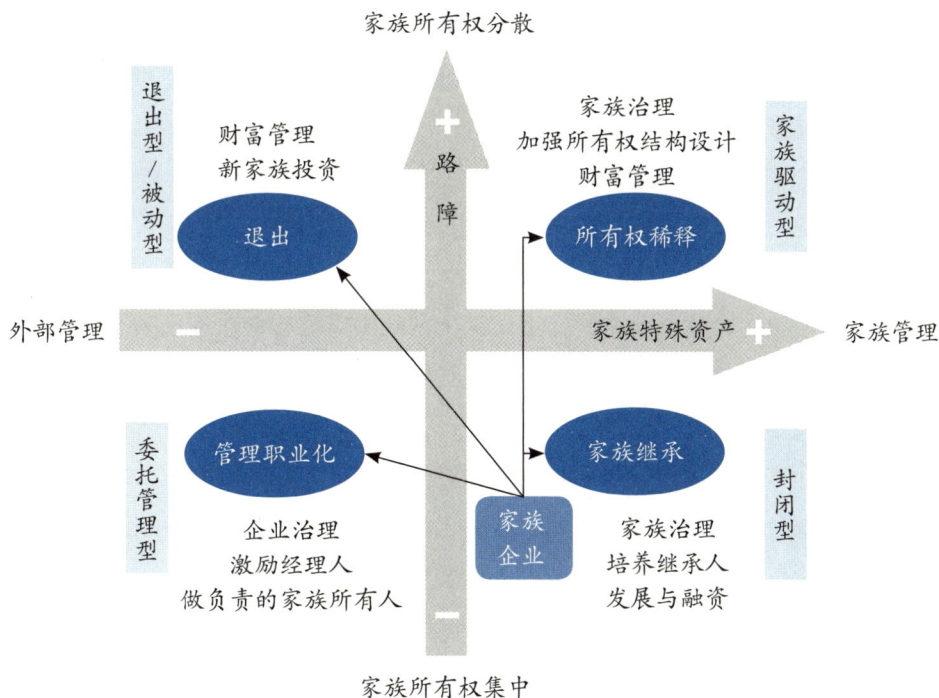

以家族企业管理权的分布为横轴，以家族企业所有权的集中程度为纵轴，可以大致将家族企业划分为四种主要形态：封闭型、家族驱动型、委托管理型和退出型/被动型。当然，相当比例的家族企业很可能处于过渡性的非典型形态。

很显然，家族企业形态的形成和演变，主要受到家族特殊资产状况和路障两方面因素的影响。

家族特殊资产较强的家族企业更倾向于家族管理，其中路障较小的一般是封闭型家族企业，路障较大的通常是驱动型家族企业。

家族特殊资产较弱的家族企业一般是外部管理，路障较小的往往是委托管理型家族企业，路障较大的家族往往会主动或被动选择所有权的稀释甚至退出。

在不同形态的家族企业中家族的诉求具有较大区别，在规划过程中关注的方向有很多不同，重点也各有差异。

可以从三个方向充分运用家族企业规划图这个基础性工具。

第一个方向：根据家族企业不同形态下关注重点与诉求的一般规律，主动调整家族的关注重点及规划核心，避免出现家族关注角度的错位，让家族知道现在应当做什么，这是家族企业规划图的基本价值。

第二个方向：可以根据家族特殊资产及路障两个维度对家族企业进行深度分析与评估，主动规划家族企业的发展路径与形态，理性厘清和把握家族企业的发展方向，做到顺势而为。

第三个方向：根据家族对于家族企业发展的诉求，结合家族特殊资产及路障状况，通过必要的家族财富管理方案强化家族特殊资产，有效减少路障，改变家族企业的发展路径，这是一个更为积极的运用。

对于家族（企业）而言，在上述三个方向中对家族企业规划图的运用是同样重要的，但从第三个方向——更为积极的这个方向去运用，无疑才是大多数家族关注的重点。

举例而言，家族所有权结构的合理设计与安排就可能很好地平衡与控制家族所有权分散的核心路障问题。耳熟能详的穆里耶兹家族、台塑集团王永庆家族的所有权结构安排就是非常有说服力的案例。

再比如，通过对家族姓氏与传统、价值观、人脉关系等家族文化资本、社会资本等家族特殊资产给予更多关注，作出更有效的、更积极的规划，势必可以主动强化家族特殊资产。

家族企业规划图的重要价值在于——帮助我们去积极改变、强化、平衡家族企业形态的影响性要素及决定性要素，这也是研究者的核心目的所在，是我们运用工具的核心。

事实上，很多家族财富管理工具都具有多方面运用的可能和方向。深刻理解工具，充分发挥这些工具的价值，而不是弱化工具价值，这不仅是一个技术问题，也是一个认识和逻辑问题，更是一个态度问题。

家族路障、制度路障与市场路障的预见与对治

路障是家族企业在发展过程中遇到的各种障碍，是全球范围内的家族企业都会面对的普遍性问题。路障通常包括家族路障、制度路障与市场路障三个方面，预见并对治路障是家族企业规划中必须解决的关键问题。

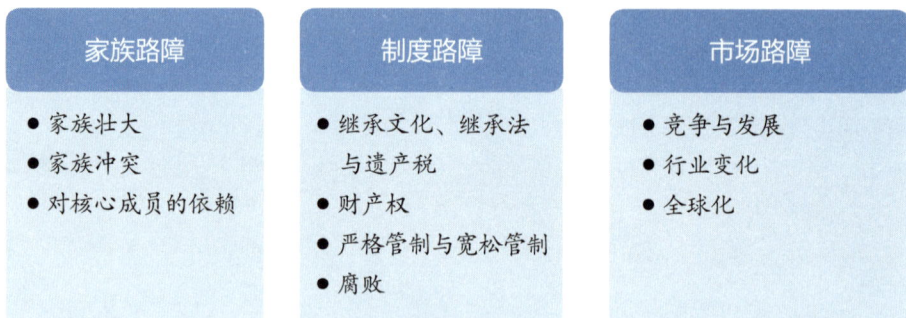

家族路障	制度路障	市场路障
● 家族壮大 ● 家族冲突 ● 对核心成员的依赖	● 继承文化、继承法与遗产税 ● 财产权 ● 严格管制与宽松管制 ● 腐败	● 竞争与发展 ● 行业变化 ● 全球化

范博宏教授和莫顿·班纳德森教授认为家族路障主要集中在三个方面：家族壮大、家族冲突、对核心成员的依赖。

家族壮大有两个可能：一个是同代规模的壮大，一个是世代的成长，这两种往往是伴生的。家族壮大后的人多心杂是必然的直接结果，同时会对发展与流动性、所有权结构设计、企业治理及职业发展带来持续的挑战。

家族冲突也是必然存在的，这对于家族的冲突管理能力、家族治理水平同样提出了较高的要求。

对于家族领导人或者说核心成员的依赖同样也是一个重要的家族路障，就中国家族企业而言，这是非常突出的。

家族路障必须从家族顶层结构设计出发才有根本对治的可能，具体可以从三个方向考虑：

1. 家族应当制定能够平衡保障企业发展、流动性与鼓励家族成员职业发展的家族所有权政策，并构建长期动态平衡的家族所有权结构；

2. 家族应当形成既要关注财富管理，也要注重情感管理，更应重视文化管理的基本共识，关注家族（企业）治理，形成共同的家族价值观及行动准则；

3. 家族应当从财富传承、权杖交接及文化相续三个维度对家族传承进行长期规划，构建并实施完善的家族教育、家族雇佣政策及接班人培养计划。

制度路障实际上包括法律法规，以及与此相关的制度环境两个部分。

一方面，家族企业无疑必须遵从当下的法律法规，适应当下的制度环境，这是家族企业生存的前提，也是安全的保障；另一方面，家族企业往往又可以在法律价值内运用法律技术与制度"博弈"（如税收筹划等），以家族价值引领社会价值、对抗负面的制度环境（如腐败等）。

因此，家族企业同样可以从三个方向对治制度路障：

1. 从保护角度来看，家族企业不仅要遵守法律法规，实现全球视野下的全面合规管理，更要运用技术手段以更大的格局对家族财富做全球配置，克服可能的区域性制度路障；

2. 从工具角度来看，财富管理工具既是技术对制度"遵从"的产物，同时也是技术与制度"博弈"的结果，克服制度路障必须尊重工具的价值，做到善用工具，鸵鸟思维、继续灰色及公然对抗是毫无出路的；

3. 从传承角度来看，必须注意到法律法规与制度环境是持续变化的，预见、适用及把握这个变化对家族企业的技术运用能力有更高的要求，同时保全家族的价值力才是长治久安的根本之道。

当然，家族企业对市场路障也要特别重视。从竞争与发展、行业变化及全球化出发，我们可以清晰地看到家族企业面对的最大市场路障就是转型升级，这是一个巨大的、普遍性的挑战。

问题的关键在于两个层面：第一个层面是家族（企业）如何转型升级；第二个层面是家族（企业）如何才能具备转型升级的关键资源能力。

这两个层面都不是轻易能够解决的，这是家族（企业）长期的艰巨任务。

特殊资产、所有权集中与所有权结构

家族特殊资产的强弱会导致家族企业外部管理与家族管理的变化，那么家族特殊资产与家族所有权集中又是一个什么关系呢？

当一个家族在一个企业中只占有5%的股份，而且丧失了控制权与经营权时，请问家族会不会再将家族特殊资产投入企业中？即使家族想投入家族特殊资产，家族特殊资产还能够影响企业、发挥价值吗？答案是不言自明的。

当家族足够分散，不同的家族支系、不同的家庭、不同的家族成员分散地享有企业的所有权时，家族有能力将家族特殊资产有效地投入企业中吗？答案很可能也是否定的。

家族所有权集中状况对家族特殊资产在企业的投入及价值发挥是有非常大的影响的。同时，家族特殊资产越强，家族越倾向于保持家族企业所有权的集中，而且所有权也更容易集中。

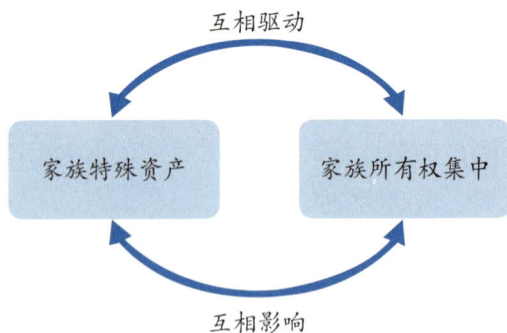

在实践中逐步形成了三个基本观点：

1. 家族特殊资产可以不同程度地推动家族企业走向成功，但当家族失去对特定企业的所有权、控制权、经营权及收益权时，这种推动价值将不复存在。

2. 家族所有权的分散是一种必然趋势，如何延缓甚至改变这个趋势，以长期实现家族所有权的集中，对于实现家族特殊资产的价值至关重要。

3. 家族所有权的集中是必要的，家族所有权的合理流动也是客观需求；在合理流动中保持适度集中，在适度集中中容许合理流动，既是一种平衡，也是一种控制。

所以说，家族所有权结构对于家族所有权的集中、家族特殊资产的保持具有重大作用，可以说家族所有权结构从某种意义上会影响到家族企业的形态。换言之，拥有一个完美的家族所有权结构对家族企业而言是头等大事。那么，完美的家族所有权结构应该是怎样的？

第一，能够实现家族所有权的集中。对于一种状况静态地、短期地拥有并不难，难的是动态地、长期地拥有。通过有效设计，战胜时间，长期实现家族所有权的集中才是关键。

第二，能够坚守家族立场与家族价值。好的家族所有权结构一定能够坚守家族立场与家族价值，能够让家族与家族企业之间形成强关系，以家族特殊资产推动家族企业的发展，进而通过企业价值实现家族价值。

第三，能够实现家族的战略目标。家族对于企业的形态有自身的考量，尤其在特定的历史时期或特定的条件之下，家族可能出于特定的战略考量而主动选择作出特定的安排，比如说家族决定整体退出企业，那么此时的家族所有权结构就不应形成退出的障碍。

第四，能够实现资本的长期平衡。家族所有权结构应当维持家族控制权、股东流动性及增长资本之间的长期平衡。

第五，能够具有必要的调整能力。家族所有权结构应保持柔性，保留必要的调整空间与能力，以从容应对可能的变化与环境。

第六，能够实现保护、控制与传承。家族所有权结构既能实现保护功能，也能实现控制权，同时也能实现传承目标。

从家族特殊资产与家族所有权集中二者互相影响、互相驱动的关系，可以更清楚家族所有权结构设计是家族企业规划的抓手，以此入手实现家族企业规划是比较有效的选择。

形态决定视角：不同的选择与关注

如果一个家族企业处于封闭型、家族驱动型、委托管理型或退出型/被动型中的某一种特定形态时，家族（企业）的视角有何不同，关注的重点有什么差异，又应当做什么呢？这是每一个家族企业都会面对的问题。

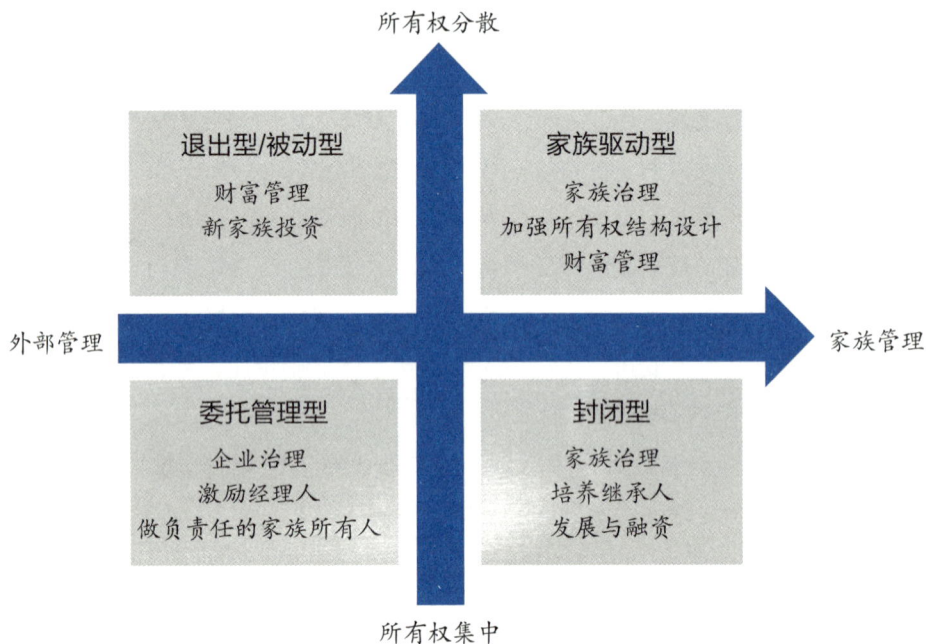

退出型/被动型家族企业有可能是家族的被动选择，也有可能是家族的主动选择。适时地退出实现资产形态的转化，战略性地退出并通过投资重构家族商业体系，这都是完全有可能的。在这个形态下，家族（企业）关注的重点在两个方面：

一方面是家族财富管理。如何将经营性资产转化为金融性资产、不动产等非经营性资产，如何实现非经营性资产的保护、管理与传承。

另一方面是新的经营性资产的投资。如何通过新的经营性资产投资构建新的商业体系，这非常关键，是财富家族延续的根本。

一个彻底丧失经营性资产的财富家族，就意味着失去了一个真正的"训练场"，未经真正训练的家族，不可能拥有优秀的军队与杰出的战士，家族力必将大大减弱。因此，财富家族对于经营性资产的保持一定要特别重视。

家族驱动型的家族企业也很常见，这种形态的企业最典型的就是上市公司，家族所有权逐步被稀释或分散。在这个形态下，家族（企业）一般应关注三个问题：

第一，财富管理。所有权稀释一般意味着家族的部分退出，非经营资产的配置与增长诉求对财富管理提出了更高的要求。

第二，加强家族所有权结构设计。在所有权稀释的情形下如何实现稀释下的集中、如何继续实现控制权、如何把握经营权，这些都需要通过多个层次的所有权结构设计去实现。

第三，家族治理。所有权的分散恰恰会让家族体会到由强转弱的痛，更能意识到家族治理的重要性与迫切性，此时往往是推动家族治理最有效的时机。

委托型家族企业路障较小，所有权相对集中，但是家族特殊资产较弱，一般实行的是外部管理。这个形态下的家族（企业）应当关注三方面的问题：

首先是企业治理问题。如何构建完善的治理结构与治理机制？如何保持企业的治理水平？如何有效降低代理成本？如何保持家族的控制权？

其次是激励经理人问题。这个道理也很浅显，约束问题已经通过企业治理解决了，如何通过有效的激励系统实现合理激励变得异乎寻常的关键。

最后是如何做负责任的家族所有人。实际上就是如何做合格股东的问题，这不仅需要家族教育，也需要必要的家族机制去引导与约束，是一个长期任务。

封闭型家族企业，也是最典型意义上的家族企业，关心的又是什么呢？长期稳定与持续发展对于封闭型家族（企业）而言是头等大事。家族治理的完善、继承人尤其是接班人的培养、发展和融资是封闭型家族企业最关心的三个问题。

在实践中要特别关注过渡型家族企业的问题，实际上这种类型的家族企业所占比例很大。经验证明，家族（企业）在这个时期往往是最徘徊的，处于战略摇摆期，关注的问题也非常分散，但这恰恰是家族规划或调整家族规划的最佳时机，机不可失。

第18章

家族信托的场景与价值
——最值得关注的财富管理工具

绕不开的家族财富管理工具——家族信托

家族信托的故事在耳边从未间断，阿里、小米、龙湖、万向、达利、美团、周黑鸭及融创等众多知名企业及其身后的家族纷纷将核心经营性资产置入境内外家族信托、慈善信托，这无疑为家族带来了重磅冲击。

事实上，也有很多家族在默默地以家族信托作为顶层结构的核心工具，构建自己的家族所有权结构体系。他们或对家族信托信心满满，或受到了强大的刺激与压力，抑或只是跟着领先家族闻风而动，但毕竟这些家族开始了行动。

若干年过去，行动的家族已经收获了家族信托成熟的果实，享受了巨大的结构效果或税务效果；而怀疑者依然在怀疑，依然没有行动，在一步步错失着时机。

部分国内学者关于信托财产"属于谁"模糊不清、受益权的性质悬而未决、信托登记制度名存实亡等问题的研究与讨论，具有非常高的学术价值，但制度的可行性是以什么作为实质判断标准的呢？

一些境外机构和一些法律专业人士，在对境内法律体系没有进行深入研究的情形下，始终持有大陆法系无法融合信托法律体系的观点。试问日本、韩国、西班牙、法国、中国台湾地区等大陆法系国家或地区又是如何实现的呢？

法律移植不是为了复制其他法域制度的形式设计，而是为了充分发挥其他法域制度的实质功能。可以肯定地说，中国信托法制度具有英美信托法制度下的实质功能，足以支撑家族信托的构建。

信托制度的核心是什么，或者说信托功能价值实现的依托是什么？信托财产的非继承性、破产财产的排除、强制执行的禁止、抵销的禁止、混同的限制、信托财产的有限责任这六个价值是全球法律界所公认的。只要中国信托法律体系能够实现上述六个价值，那就意味着信托的功能价值在中国法域下是确定的。

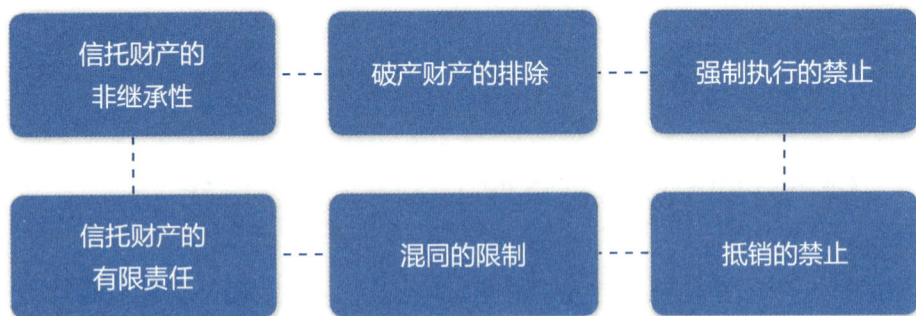

信托财产的非继承性	破产财产的排除	强制执行的禁止
信托财产的有限责任	混同的限制	抵销的禁止

这六个价值的根本核心实质上是信托财产的独立性，中国的信托法制度能够实现吗？这一点不言自明，不仅《中华人民共和国信托法》第15条、16条、17条、18条及第34条等条款给出了明确的答案，而且信托司法实践也与法律规定是一致的，在实践领域并没有争论的余地。

当然，还有一些怀疑者对境外信托制度同样不信任，但他们对境外的信托制度及信托实践又有多少了解呢？很多都是想当然的猜测和臆断而已。

问题的关键不是讨论家族信托应不应该做，而是要关注随着家族环境的变化以及法律环境的变化家族失去了什么：失去的是时间以及对未来作出安排的从容；失去的是机会以及特定的最佳时刻。

不向前走，永远不会开始；不尝试，永远找不到感觉。建议依然有所怀疑或犹豫的家族，完全可以从风险隔离、保障支持类家族信托出发，也可以从小规模资产开始，自己去深切感受一下，然后再考虑下一步经营性资产的置入与安排的可能。

从家族财富管理整体解决方案的角度观察，家族信托无疑是一个绕不过去的核心工具，这是由家族信托本身的特质所决定的，它既有作为顶层结构的大格局，也可以作为实现具体目标的小安排，错过了会受到家族后代的巨大质疑。

以家族信托定制多场景下的所有权结构

在漫长岁月中，基于信托财产的独立性，家族信托的场景运用被开发至人类想象的边界，随着人类脑力的增长，这个边界一定会不断被突破。

首先，家族信托核心运用场景是家族（企业）顶层持有结构。

相对自然人而言，家族信托充分保密，远离生老病死，它既不会发生婚变，也不会面临继承争产，还能有效隔离委托人、受益人的个人债务风险，是最理想的持有结构。

既然家族信托作为顶层持有结构，那就意味着要以它为中心构建家族的所有权结构体系，就必然会与其他的结构性工具发生关系，同时也会与其他的财富管理工具及要素发生关系。

一个准备在香港上市的家族企业，在上市筹划阶段必须考虑：是否、何时以及如何在顶层建立家族信托；公司的股权分几步置入；在招股书以及后续文件中如何向证监会申报和披露；交易所规则针对实际控制人和受益所有人的规定如何适用；家族信托契约（Trust Deed）如何与下层公司的章程契合，如何与股东协议契合，如何与激励计划契合；家族信托的治理安排如何与下层公司的治理契合；如果上市不成功，那么家族信托的架构是否、何时以及如何拆除。

家族信托位于家族所有权结构的顶层，联通了家族和企业，下层结构的任何安排都必须与其充分协调、有效衔接，这就对家族信托的定制提出了非常高的要求。

其次，家族信托在家族（企业）治理中有丰富的运用场景。

从某种意义上说，家族信托可以实现家族宪法、家族治理的制度化、法律化与落地化。

结构化是协议安排、意愿安排落地的一种必然趋势。阿里合伙人制度只有在成为阿里集团治理结构和机制的一部分时才会发挥作用，道理是一样的。

所谓控制权、经营权、收益权，写在家族宪法里是虚的，但安排在家族信托之中就大不一样：家族成员（信托中的受益人）取得的是实实在在的财产收益权；家族委员会（信托中的监察人、保护人委员会）拥有的是实实在在的控制权，在投资、分配、调整、退出等多个重要方面能够有效地监督、制约受托人；最关键的是，这一套机制充分体现了家族领袖（一般是信托的委托人）以及全体家族成员对于家族未来的意志，这种意志不仅仅是宣言，其本身就受到法律的保护。

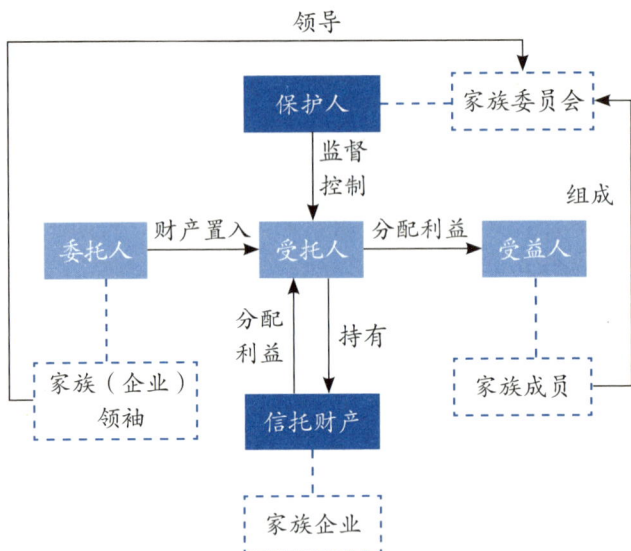

最后，家族信托在特殊资产持有、特定目的及特定身份筹划中也具有极为丰富的运用场景。

除了不动产、股权、特殊资产，人们甚至开始研究虚拟货币作为信托资产的家族信托，还有风险隔离、保障支持、公益慈善及特殊目的等不同目的的家族信托，以及针对美国、加拿大、澳大利亚、英国、新加坡及中国香港等主流移民地相关解决方案的家族信托，等等。

经济合作与发展组织（OECD）发起并主导了国际税务透明化运动，其中共同申报准则（CRS）信息交换、各个国家酝酿或者已经实施的国内税务改革都是这一运动的表现形式，但这不仅不会制约家族信托的发展，反而会推动家族信托运用场景的拓展。

近年来我们特别关注特定场景的针对性解决方案的研究与实践，以家族信托定制多场景下的所有权结构，是一条正确并值得坚持的路径。

为什么家族信托火了——信托的功能价值

为什么家族信托火了？肯定离不开境内外财富管理机构的市场教育，以及领先家族的长期实践，更为重要的一定是其本身具有不容置疑的财富管理工具的功能价值。

家族信托的功能价值很多，也有很多演绎的路径。以风险隔离、传承规划、投资筹划及税务筹划对家族信托的运用价值进行表达，总感觉并没有准确揭示其功能价值本身，反而在事实上妨碍了对家族信托的进一步认识。家族信托具有以下八个功能价值：

独立性	区别性
制度性	灵活性
可靠性	稳定性
跨越性	执行性

独立性

信托财产的非继承性、强制执行之禁止、混同之限制、破产财产之排除、抵销之禁止及信托财产的有限责任，这六个因素确定了信托财产的独立性，这是家族信托功能价值的基础。

区别性

在家族信托中，事实上对信托财产的所有权、控制权、经营权（管理权）及受益权的区别与分离是非常重要的一个功能价值。不同的权益可以归属于不同的信托当事人。

事实上，在四项权益的内部进一步区别与分离可能是当下信托实践的重点。这实际上打开了所有权结构更大的定制空间。

制度性

家族信托是一项法律制度，就如同公司一样是一个给予人类的伟大礼物。

它是一项久远的法律制度，可靠性是得到充分验证的；同时是一项世界性的法律制度，具有跨越法域的能力，它的普适性也是不用怀疑的。同时它是一项中国法引进的法律制度，这就意味着可以依托于此，在境内外很多场景中进行实践，而且能得到最广泛的法律保护。

灵活性

在家族信托的框架下具有丰富的自治空间，有点类似于公司的自治，但空间更大，只要在合规性及价值性范围内都是自由的，可以说一切皆有可能。

也许恰恰是一切皆有可能，就意味着技术成为关键要素，技术可以充分打开这种可能，同时也能够管理好边界，避免无限可能的风险。

可靠性

有效的家族信托环境治理，让受托人在"笼子"里行使权利，较家族成员更为可靠；同时，合理的结构设计之空间，必要的机制安排之可能，也会让家族信托中的其他人变得更懂规矩，更有方向，也更为可靠。

稳定性

家族信托是法律制度下适格的法律结构，理论上具有先天的理性，较人而言更加稳定。

家族信托足够久远，不会轻易死去，非因法定事由不可变动，这也决定了信托的稳定性。

跨越性

家族信托的安排可打通生前与身后，可跨越时间与代际，可跨越空间与法律，而且这种跨越本身具有连续性，家族信托的跨越性与其他传统工具比较是意义非凡的。

执行性

家族信托是委托人自行定制的，一切尽在"意定"之中，不是简单的意愿，而是实实在在的安排。法律制度的设计已经排除了不确定性影响的干扰，所以说执行性与其他工具相比更强。

这八个功能价值，决定了家族信托功能价值的绝对优势，但这未必是家族选择它的全部理由。

为什么是家族信托火了——信托的家族价值

为什么家族信托火了？当然离不开家族信托的功能价值，这是不可否认的。但是，任何一个产品只有功能属性，缺乏情感属性，是很难被更多的人接受和推崇的。家族信托也是如此，其中的逻辑是相同的。

家族信托的家族价值实际上就是家族信托的情感属性。这一点实务中关注的人不多。随着家族信托运用场景的日趋丰富与宏大，我们对家族价值进行深度挖掘，并在具体安排中有充分的考虑，会让家族信托的价值得到更大的彰显，更好地实现家族的财富管理目标。

从实践来看，家族信托有八个比较突出的家族价值。

包容性	承载性
参与性	创新性
组织性	成长性
情感性	支持性

包容性

家族信托可以包容所有的财富类型，如金融资产、不动产、股权等，不仅可以是现在的财富，也可以是未来的财富；家族信托不仅包容现在的人，更为重要的是可以给"未来的人"留有必要的空间，这一点非常重要。

家族信托可以包容所有的"可能"与"挑战"，所有的"可能"与"挑战"在家族信托中都可以找到解决方案，作出合理的应对。

承载性

家族信托可以承载所有的"目标"，无论是保护、管理与传承，还是安全与效率；抑或是对社会的关爱与慈悲。家族信托的受益人可以是人、公司、机构甚至动物。

家族信托在家族治理中的运用，使之可以作为家族文化与社会资本之载体、家族情感与人力资本之摇篮。

参与性

家族信托不是产品，构建中给予了家族参与其中的巨大空间，也给了家族充分的意愿表达空间，家族成员有N种参与的角色与可能。无论是事前的参与，还是事中的参与，对家族成员而言，家族信托已经不是冰冷的工具，而是温暖的归宿。

创新性

家族信托本身就是技术与制度博弈的结果，在这种制度中给予了意思自治最大的尊重。只要不突破已经确定的公知底线，在家族信托中可以创新各种角色、创新各种权利、创新各种法律关系，也可以创新各种规则。这为家族智慧的发挥带来了巨大的可能。

组织性

家族信托是一个组织性的法律结构，既可以是权利的主体，也可以是权利的标的，能上能下。

基于其"坚固"，家族信托可以成为一所房子，更可以成为一个永久的"家族之家"。

成长性

家族信托不仅可以与时间相伴，更可以与家族世代同行、与财富共同成长，尤为重要的是，可以比任何一个家族成员更为长寿，见证一切。

情感性

家族信托的设立与存在本身就是一份承载着设立人巨大家族情感与责任的礼物，运营中更是能让家族的情感长久地凝聚在一起，让家族成员倍感温暖。

支持性

家族信托可以理解为对家族的一种长期支持，有了这种支持，家族成员才有保障；有了这种支持，才可以让一切的美好变得可能；有了这种支持，才会有家族的未来。

毫无疑问，家族信托可以让家族持久地保有温暖，当你想起你的后代享受这种温暖时，你的脸上一定会不自觉地充满笑意；当你的后代想到祖辈的关怀时，一定会充满感恩与温暖。这才是家族信托的魅力所在。

家族信托发展的关键问题——从37号文说起

2018年颁布的《关于加强规范资产管理业务过渡期内信托监管工作的通知》（信托函〔2018〕37号）（以下简称37号文）对家族信托的发展具有重大意义。

37号文以官方文件的形式肯定了家族信托业务，明确了家族信托业务与"专户理财性质和资产管理属性的信托业务"的区别，明确了家族信托的设立门槛和受益人要求，同时也明确家族信托不适用资管新规。

凡是发展越快的事物，蕴含的风险也会逐渐增加；一方面进步被放大了，多方面的问题就被掩盖了；创新越多，需要解决的新问题也越多，更不用说顶着"创新"帽子的"谋私"；强者出现了，忽悠者也来了，客户被光鲜的承诺引进门，得到的服务也许名不副实。

在家族信托高速发展、信托机构向信托本源业务回归之际，承认家族信托并确定初步的规范和标准，是一个非常重要的信号！规范是家族信托长期发展最重要的保障，这是根本性问题。除法律、税务、登记、监管等诸多大的问题外，其中还有三个与家族信托有关的具体问题是值得关注的。

| 股权信托 | 遗嘱信托 | 自然人受托人信托 |

关于股权信托的问题

家族越来越倾向于将家族信托作为家族（企业）顶层结构进行运用，希望置入的是家族控股公司的股权并实现整体财富系统的导入，而非仅仅是具体特定经营性资产的股权。

机构应当认识到二者在资产规模及未来的资产形态、合规要求、服务管理及风险控制等诸多方面都会存在巨大差异，本质上这是"工具"与"家"

的区别，逻辑与视角是完全不同的。

在股权信托领域崛起的机构很有可能改写境内家族信托的版图。

关于遗嘱信托的问题

这里所讲的遗嘱信托是指以遗嘱的方式置入资产的信托，遗嘱信托本身是一个非常重要的信托类型。目前国内已经出现了与遗嘱信托有关的判例，认定了遗嘱信托的效力，案例得到了实务界广泛的关注。令人振奋的是，即将在2021年施行的《中华人民共和国民法典》第1133条也明确"自然人可以依法设立遗嘱信托"。

遗嘱信托解决了遗嘱的缺陷，将"意愿"变成了"安排"，不可否认有很大的运用空间。关键的问题是，遗嘱信托的受托人是机构还是自然人。

如果是以机构作为受托人，应当如何操作？如何保证机构能够出任受托人并符合合规要求？出现机构拒绝出任受托人的情形，应如何处理？遗嘱信托如果无法成立，如何进行托底安排？以自然人作为受托人，同样也面临非常复杂的问题。

遗嘱信托看起来很美，但实现起来却很难，目前市场中的一些尝试显然把问题想简单了，有些现实问题无法回避、必须解决。

关于自然人受托人信托的问题

自然人作为非营业性的受托人在法律上没有任何障碍，上面讲到的判例本质上也是司法实践对自然人受托人的认可。

对于资产规模不大、资产形态及家庭关系相对简单的家庭，自然人信托在成本与效率上的优势是有吸引力的。自然人信托当然也存在登记等一系列需要解决的问题，但发展是必然的。值得关注的是推进路径，前期以司法判例的形式导入可能是一个有效的路径。

探讨家族信托领域存在的问题，不是为了否定家族信托，而是为了推动家族信托的发展，合规、回归、定制与创新是家族信托的主要趋势。

第19章

用坚固与柔软战胜时间与人性
——"六性"决定家族信托的未来

守住合法性的底线，把握价值性的边界

从某种意义上讲，家族财富管理就是战胜时间与人性的过程，战胜的是家族内部与外部持续变化而产生的不确定性。

如果以家族信托作为实现路径，首先考虑的一定是信托的安全，"坚固"才能防止被"风雨"掀翻。这就涉及家族信托的合规性与价值性问题。

所谓合规性，指的是符合法律法规的规范、行业的规范等，是设计家族信托不可逾越的规矩。

只有合规才可以得到法律的保护，实现信托的结构效果或税务效果，这一点不难理解。通过合规性的把握确定的应该是家族信托的最大边界。

价值性指的是符合社会价值和法律精神，帮助我们把握未来变化的方向和趋势。

只有符合社会价值的事物，才可能得到社会的长久认可与尊重。我们做的每一件事情都应当符合社会的普遍价值判断，而且这个价值判断在不同的时代是有所变化的，从长远来看社会的普遍价值判断将决定法律的走向。也就是说，符合社会价值性才可能实现真正的安全！

在家族信托的设计中，规矩和价值同样重要。有可能被击穿的永远不是信托制度，而是逾越了特定的规矩与价值的某一个信托，这个逻辑在全球范围内都是适用的。

家族信托要做到合规并不容易，有其天然的局限：

其一，是诉求之间的冲突。比如既要安全又要控制，这种冲突在信托种

类选择不当或安排不周的情形下，不合规是大概率事件。

其二，是技术能力的限制。比如国内一些机构在帮助家族设立FGT（Foreign Grantor Trust，外国财产授予人信托）时，对监察人权利的安排很可能导致被认定为"Owner（所有者）"，这极有可能导致信托税务效果的丧失。

其三，是规则意识的缺失。比如，"为实现信托财产与委托人的独立性，委托人不得享有任意能够将部分或全部信托财产分配给自己的权利，否则该部分或全部信托财产可以被用于向委托人的债权人清偿债务，无论债务产生于信托成立之前还是之后"，这一国际家族信托实践中通用的规则被很多家族信托突破了。

此外，家族信托的"创新"一定要遵循家族信托的价值性。信托制度确立以来，基本精神、价值判断和社会评价本身是明确的，甚至有大量的成熟实践经验供大家参考。

在合规性与价值性中，合规是底线，价值是实线。

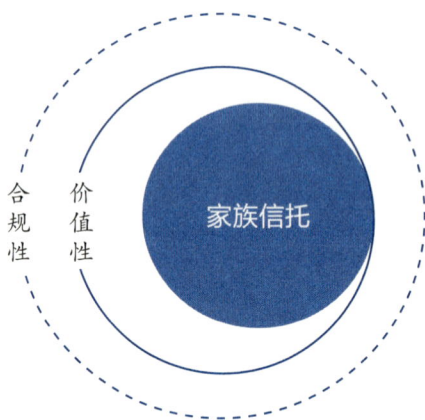

合规性这一条线应当是底线，真正的家族信托边界并不应当划在这里，而要与这条边界保持适当的安全距离；价值性所确定的边界才是一条实线，这才是家族信托构建与运行过程中应当真正把握的边界。

实线与底线之间就是所谓的安全距离，如何把握决定于每一个家族的价值判断与现实选择。以合法性为底线，以价值性为边界，是解决家族信托安全的核心。

自我约束是一种能力，具备这样能力的人才有可能遵守规矩、尊重价值；自我约束是一种远见，具有这种远见的人会得到更长久的尊重，从而有可能战胜时间；自我约束更是一种境界，约束了自我，看似舍弃，实则得到了"更为坚固的房子"，有失才有得。

家族性是价值立场，系统性是技术立场

在家族信托中，无论信托关系如何安排，无论有多少角色进入，家族理应始终拥有主人的地位，充分实现并满足家族目标与诉求，这就是家族信托的家族性。若无法体现家族性，可能是合规的，但一定不是合格的家族信托。

仔细观察一下近几年设立的家族信托，又有多少充分体现了家族性呢？能力的局限当然是一个原因，但似乎又不止于此。

对内而言，家族信托必须解决多类型当事人的关系，同时必须解决信托财产各项权益的关系，这涉及家族信托的治理安排及所有权结构设计两个方面，本身就是复杂的系统性问题。

不仅如此，家族信托作为顶层结构工具，与意愿安排、家族协议、金融性工具等其他财富管理工具的平衡与衔接是不可回避的问题。要实现的是一个财富管理系统，没有这个思维作为基础，家族信托的构建是很难成功的。这就是家族信托的系统性。

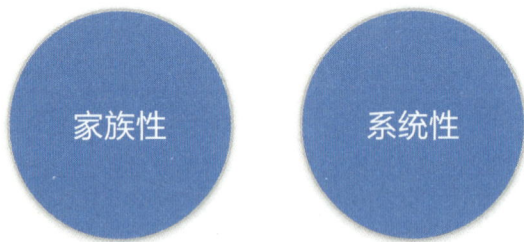

父、母及儿子的三口之家，与父、母、儿子及女儿的四口之家，家族信托安排会有什么不同？也许有人会认为，区别仅仅在于后者的受益人名单里要多填写一个人的信息，事实上大多数家族信托也是这样做的。

如果父亲是这个家族信托的委托人和监察人，保留着监督家族信托运行以及具体管理投资事务的权利，假设排除家庭外部人的可能，那么父亲身故

后这个权利的继任人会是谁呢?

对于三口之家,一般而言有三种可能:母亲行使、儿子行使或母子共同行使;而对于四口之家,则有七种可能:母亲行使、儿子行使、女儿行使、母子共同行使、母女共同行使、子女共同行使或母子女三人共同行使。在不同安排的背后,体现的完全是每个家族非常个性化的立场考量。

三口之家相对简单,一般会采用"子承父业"的安排,这也比较符合中国的传统观念。但如果儿子年龄幼小要怎么安排呢?如果母子关系不融洽如何处理呢?

四口之家就更复杂,比如说如果采用"母子共同行使"的安排,这可能并不意味着母亲与儿子之间需要进行利益的平衡,而往往是母亲为了保护女儿而加入监察人队伍,以确保儿子的行为不会损害女儿的利益。

不恰当的安排会为家族埋下隐患,多年后引发争议:当母亲追求稳健投资以确保得到定期定量的养老年金,而儿子追求更进取、更高风险的投资方式时;当女儿长大,取得金融学位从海外回来,却发现自己在家族信托的投资方面没有任何话语权时;当女儿多次请求领取创业基金,而儿子却行使监察人权利禁止受托人进行分配时,冲突就会发生。

以上所有讨论还仅仅是基于对三口之家、四口之家委托人、监察人的监督权、投资管理权中某个方面的展开,并没有去讨论受托人撤换权、受益人调整权及受益分配权等其他重要权利,更没有去展开讨论信托治理的很多重要方面。现实会更为复杂。

归根结底,家族信托既要保有家族立场,又要运用系统化的思维。以家族性作为价值立场,这是世界观;以系统性作为技术立场,这是方法论。只有这样,才能建一所温暖而安全的房子。

保持柔软：可适以应变化，持续以致世代

奔腾入海的大江大河，经久不息，滋润着大地，拥有任何人都无法否认的强大力量，这个力量来源于持续不断的流淌，以及随着环境变化而变化的柔软。显然，柔软同样也可以成为一种力量。

家族信托将陪伴家族走过久远的岁月，并且面对各种来自家族内外的问题。一部分问题可以依当下的理性去安排和应对，另一部分问题却已超过当下思维所能抵达的边界。无论预见与否，始终保持应对的能力才是一个"对的"信托。

家 族 信 托

当下　　10年　　　　50年　　　　　　　　100年

这就涉及家族信托的可适性和持续性。

为了保持在漫长时间跨度中信托目的的持续实现，信托的所有权结构设计与治理机制安排必须保持柔软，具有足够的调整能力；信托机制必须经受住长久持续的考量，对家族信托利益相关者的教育必须持之以恒，家族对信托的尊重和信心必须坚如磐石。家族信托从出发就应该坚持可适性，可适才能实现技术与制度、环境的长期平衡，只有这样，才能保证家族信托价值的持续性。

我们在《对话家族信托》一书中讲到澳大利亚女首富的家族信托、梅艳

芳女士的家族信托，在《对话私人财富管理》中写到的鹰君集团罗氏家族信托，都是因为信托所有权结构与治理机制安排缺乏柔性、信托利益相关者对家族信托的基本理解存在严重偏差，最终引发了信托危机，导致信托当事人对簿公堂。

具体而言，实现家族信托的可适性和持续性，有几个把握要点：

其一，家族信托的筹划要考虑得长远且周到，应当充分考量可能出现的各种情形以及各种可能的变化，并作出必要的安排与应对。

人只能在自己的认知射程以内去做事，而扩大射程最主要的途径是寻求有经验的顾问的支持。

其二，用当下的理性及能力解决问题是信托设立者的本分，不能因为安排的疏忽给家族带来麻烦。同时，给信托未来的主人留有选择的空间，让他们根据未来特定时刻的情况及意愿作出安排才是更为理性、更有智慧的。

今天煞费苦心地安排监察人的继任人及后续若干顺位的继任人，是否真的是最好的选择？

其三，家族信托必须定制，没有定制就不可能根据每个家族的情况去预留调整的空间，去保持所有权结构和治理安排的柔性。最重要的是，定制的过程也是家族信托教育的过程，未经过定制的家族成员往往对家族信托缺乏最基本的了解和尊重，将来容易引发家族信托内部的战争。

定制不仅是一个理念问题，其实也是一个技术问题。

其四，家族信托要设定必要的调整机制，明确调整的规则与流程，核心的关键是受托人能够在合规要求和信托目的范围内接受、配合或主动实施调整；同时避免信托陷入无序调整或信托僵局。

持续性与可适性解决的是家族信托的柔软问题。家族信托绝不是基于虚荣心的打卡行为，更不是购买理财产品——买完就等着其发挥作用。家族信托是对一种更好的生活方式、财富规划与传承模式的选择。既然如此，它就值得家族花费心血去参与和经营。事实上，也唯有家族的参与和经营，才能锻造出真正可适、持续的家族信托。

第20章

安然于当下，从容于未来
——重新发现结构性工具的核心价值

从传统面食看财富管理工具的优与劣

　　和面的面盆，擀面的案板，是面食制作必备的工具；是否用刀或擀面杖，这就看具体做什么面食了。烙饼、手擀面、饺子、包子等大部分的常规面食品种制作是需要这两种工具的，或者说我们已经用习惯这两种工具了。

　　一些面食品种需要特定的工具，如饸饹需要饸饹床，煎饼需要饼铛；包子、馒头等要使用蒸锅；饺子又有不同，既可以用煮锅煮，也可以用蒸锅蒸，即所谓的水饺和蒸饺，味道和吃法各有不同。

　　小麦、莜麦、荞麦、高粱、玉米、绿豆、大豆等不同的面适合做不同的面食，用两种以上的面以不同的比例进行混合又可以制作一些新的面食品种。

　　有些面食品种需要发面（发酵），有些需要半发面，有些又需要死面（未发酵）；有些面食需要冷水和面，有些需要温水和面，而有些需要热水和面。

　　工艺和手法上的差异就更大了。拿面条举例，从粗到细，从厚到薄，从宽到窄，从长到短，从韧到软，有太多不同了。

　　不同口味喜好的人、不同生活习惯的人、不同身体状况的人、不同经济状况的人，可以选择不同的面食品种。

　　也许你会说标准化的机器可以取代绝大部分工具，但如果没有人与面的直接接触，就会失去了真正的味道，懂得面食的人都知道这个道理。

　　面和水以不同方式的结合，是面食制作的逻辑起点；面食制作需要一些必备工具，也需要一些基础性工具，可能还需要一些特殊工具；不同的面适宜制作不同的面食；不同的面食又有特定的制作工艺；同样的面食又可根据人的需要制作出不同的花样来。

其实财富管理逻辑与面食制作的逻辑是完全一样的。

就财富管理来讲，逻辑起点是什么？财富与愿望！只有财富没有愿望，或者只有愿望没有财富，都不需要财富管理，就如同面食中的面与水。

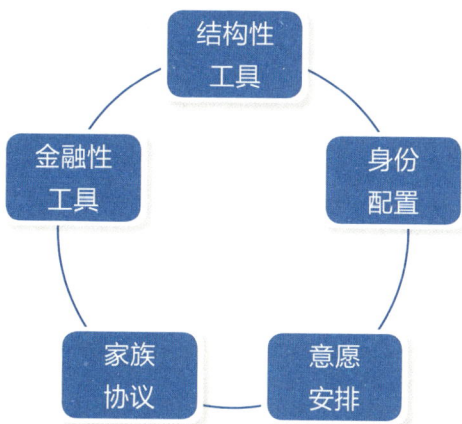

一些基本的财富管理工具是必须使用的，也有一些特殊的财富管理工具是根据特定的需要使用的；不同的目标又需要不同的财富管理工具或若干财富管理工具的综合运用；同样的工具，运用技术和火候又有很大的差异；当然，工具的运用又可以根据喜好去选择，也可以根据能力去安排；有些工具缺失或没有条件使用，用其他工具暂时代替一下也未尝不可。这就是财富管理工具运用的道理。

1. 无论是各类结构性工具，还是各类非结构性工具，工具之间本无优劣之分。产生优劣之分的是我们的内心喜好，实际所谓的优劣判断并不真实，也没有任何意义。

2. 财富管理工具的优劣，是在选择中产生的。家族根据自己条件和要求最终选择的某一个工具对家族而言就是优的，没有选择的工具对这个家族而言就是劣的。

3. 财富管理工具的优劣，实际上很多时候更是在运用中产生的。同样一种工具，同样的条件，同样的需求，同样的目标，不同的工具运用能力会产生优与劣，其实这与工具本身是无关的。

4. 站在不同的立场上，财富管理工具才会产生优劣之分，机构有机构的基因、偏好、目标、选择与判断，家族有家族的条件、诉求、目标、选择与判断。优劣是一种价值判断，一定是有立场的。

5. 就特定目标的实现而言，工具确实有优劣之分，对特定目标可能某些工具根本无法实现，对特定目标不同工具的实现能力也有先天的制度差异，这个时候工具优劣的存在是客观事实，作出必要判断是必需的。

6. 如果从家族（企业）通过顶层结构设计实现保护、管理与传承的整体目标出发，结构性工具就变成了必备的、基础性的工具，而且这个时候是多种结构性工具的系统运用。此时结构性工具一定是优的，是主导的。

所以说，每一种工具有每一种工具的价值，否则这种工具是不可能存在的。在尊重家族意愿的基础上，依据家族的条件与需求，将运用的工具价值尽可能充分与完整地发挥，这才是财富管理服务机构的本分。

结构性工具的共同逻辑与价值是什么？

财富管理工具没有优劣之分，但从财富管理整体解决方案的需求与目标出发，我们一直强调结构性工具的价值与运用的必要性。

有必要看一下家族信托、家族基金会、家族控股公司、家族有限合伙及家族特殊目的公司等结构性工具，以及PPLI（私人定制寿险）等一些金融性结构性工具的共同逻辑是什么。

这些工具都是一个独立的法律结构，是一个拟制的"人"，对外的法律地位及内部结构与机制有相对明确的法律依据，与自然人拉开了距离，或者说从某一个层面上可以摆脱自然人的束缚。

既然这些法律结构是一个拟制的"人"，就可以独立承担相应的责任，独立行使相应的权利。责任是有限的，或者说是相对有限的，可以起到必要的风险隔离作用。当然，不同法律结构的风险隔离作用是有差异的。

法律结构可以起到集中的作用，将多个"人"的多个分散意志、多个分散权益集中起来，装到一个"房子"里。以结构的意志代替分散的意志，以结构的权益代替分散的权益。至于说这些"人"相互之间的事，自己在"房子"里去解决即可。

法律结构也是相对稳定的。这个所谓的稳定是与自然人相比较而言的，法律结构不会"喝醉"，不会"出车祸"，也不会"生病"，这是稳定的一个方面；同时，依法受保护的法律结构不仅具有受保护的权利外观，依法构建的内部结构与机制也有规可循，这也是法律结构的稳定之源。法律结构通常可以持久地存在，不受生命长度的限制，或者说生命长度可以由我们确定或决定，这也是一个层面的稳定。

这实际上谈到的是法律结构，或者说结构性工具的隔离性、集中性及稳定性的三个核心价值。这三个核心价值对于家族财富管理而言意义重大。

| 隔离性 | 集中性 | 稳定性 |

从结构性工具内部观察，会不会有新的发现呢?

法律结构内部一定有"人"或者"角色"，也一定涉及"权益"。换句话说，法律结构内部涉及"人"的关系与"权益"的关系。

在不同的法律结构中，通常法律已经设定了特定治理模式，完全可以构成一个"人"的关系与"权益"的关系的"骨架"，确定了特定法律结构的价值底线。此时法律智慧代替了"人"的智慧。

同时，在不同的法律结构中，通常法律又会给"人"以相对的自治空间，由"人"的智慧弥补法律智慧的"高冷"与空白，这又生成了法律结构的"血脉"，这种自治让法律结构有了"生气"与"灵魂"。

这二者的并行不悖使得不同的法律结构不仅相对更可靠，还可通过定制满足特定的"人"的诉求。

也就是说，如果我们从内部观察，结构性工具都具有可靠性、定制性的核心价值。

| 可靠性 | 定制性 | 确定性 |

结构性工具也是一种看得见的安排，结构性工具对目标的实现是相对确定的，这是由结构性工具的隔离性、集中性、稳定性、可靠性与定制性所决定的，所以确定性也是结构性工具的核心价值。

所有财富管理的规划与安排都是希望能够战胜时间与人性，结构性工具的六个核心价值给这个目标的实现带来了更大的可能，这是确定无疑的。

结构性工具选择与运用的基本逻辑

事实上，家族信托、家族基金会、家族控股公司、家族有限合伙及家族特殊目的公司等主要结构性工具的核心价值能力是有先天差异的。差异主要体现在隔离性、集中性及定制性上；结构性工具的稳定性、可靠性及确定性的差异理论上不应当太大。

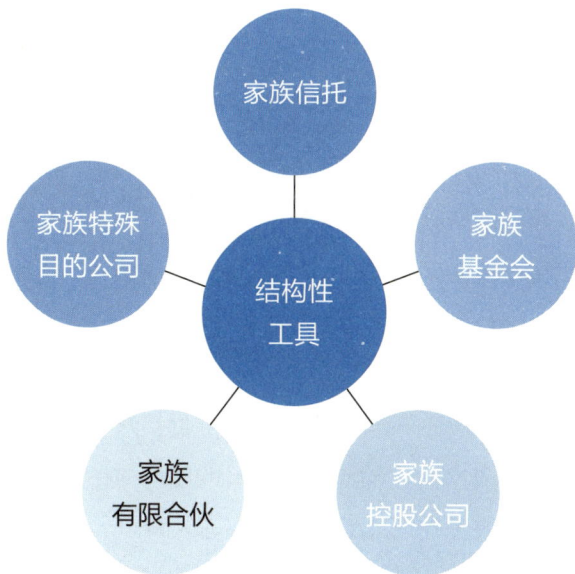

不同的结构性工具，特定核心价值能力是有区别的，而同一种结构性工具，在不同法域下其核心价值能力也是有差异的。同一种工具即使在同一法域下的不同历史时期，其核心价值能力同样也是有变化的。当然，不同结构性工具适用的财富形态与财富规模也是有所差异的。

不同结构性工具的隔离性、集中性及定制性等价值能力的差异比想象的要大。这里的差异是工具本身，而并未包括在人的运用能力上的差异。工具运用及安排技术的高与低会对价值能力产生强化或弱化的作用。

1. 就隔离性而言，家族信托与家族基金会有比较优势。这两个工具的隔离是非常彻底的，二者将结构内资产的所有权、控制权、经营权及收益权做了更为彻底的区隔，不仅实现了工具与外部的隔离，工具内部的隔离也是很清晰的。

2. 就集中性而言，家族信托、家族基金会同样也具有比较优势。家族控股公司、家族有限合伙及家族特殊目的公司等工具由于隔离性相对较弱，会产生流动性的可能，因此集中性受到了弱化。

3. 就定制性而言，家族信托、家族基金会同样也具有比较优势，存在较大的定制空间。其他结构性工具的定制性也是存在的，但基于可能存在的商业交易属性，法律允许的定制空间相对小一些。

比较下来会发现，在隔离性、集中性及定制性上的比较优势，是家族信托、家族基金会往往被作为顶层结构工具运用的根本原因。

家族控股公司也是我们在境内外一直倡导的，这个工具的隔离性、集中性都是具备的，不论经营性资产是否置入家族信托或家族基金会，境内外家族控股公司的构建都是必要的。

当然，在家族控股公司之内开一个窗口，与家族信托或家族基金会对接，是结构性财富管理工具组合运用的必经路径。

家族有限合伙与家族控股公司是一个层面的结构性工具，二者的隔离性及定制性价值是比较接近的，但在集中性上存在差异，家族有限合伙似乎更易于进行控制权的集中。

特殊目的公司一般是下一层面的结构性工具，基于特定的目的实现特定的功能或持有特定的资产。这种结构性工具的使用往往是为了持有、交易及退出的方便，当然也会考虑可能的风险隔离等因素。

基于这五种常用的结构性工具其核心价值能力存在的差异，实践中逐步形成了特定工具的特定运用场景，并逐步形成了家族信托及家族基金会、家族控股公司及家族有限合伙、家族特殊目的公司等三个层次的工具格局，并进而形成了三个层次工具的组合运用。

实践中往往还会通过一系列公司、合伙企业构建完整的一个或多个家族事业主体的所有权结构体系。这些事业主体的所有权结构安排实际上就是家族顶层所有权结构之下的具体安排而已。

具象的工具价值比较——遗嘱信托与遗嘱（遗赠）

如果仅仅对结构性工具与非结构性工具进行大轮廓的比较，会觉得比较抽象，未必深刻；而站在具体的工具层面进行比较，会觉得更加具象，对工具的认识也会更加深刻，让我们在选择和运用工具时更加准确和有效。

对遗嘱信托和遗嘱（遗赠）这两个具有很强关联性的工具进行比较就非常直观，也会很有意思。

遗嘱
信托

遗嘱
（遗赠）

毫无疑问，遗嘱信托是生前意愿与身后安排的衔接，这一点较遗嘱（遗赠）这种纯粹的生前意愿更可靠，在程序上的简便或确定会更有可执行性。不仅如此，信托未来在税收筹划上的可能效果也是被普遍关注的。

但仅仅是这些吗？

遗嘱信托作为结构性工具，具有隔离性、集中性、可靠性、稳定性、定制性及确定性的特点，在家族诉求的充分实现及风险管理的安全上是不容置疑的。换句话说，遗嘱（遗赠）只能解决如何传的意思表达，而遗嘱信托实现的不仅是如何传的问题，也同时实现了如何管的具体安排。这是两个工具根本上的区别。

不考虑其他财富管理目的的实现，仅就传承安排而言，有几个常见问题是无法回避的：

受益人因为年龄、智力、不良习惯或其他原因导致无财富管理能力时，怎么办呢？如何平衡呢？

安排对象不仅是已经存在于这个世界的人，也包括即将到来或在很久的未来才会到来的不确定的家族后代，对不存在的受益人有安排的可能吗？如何安排？

如果需要对受益人连续受益的情形进行安排，有没有可能呢？是否便利呢？

家族因血缘、感情、性别及期待等形成的内部关系是复杂的，如果对收益权利进行分层、分类区别安排，这样可以吗？空间有多大？

这些问题的解决对于信托而言是肯定的，很有可能是轻而易举的事；而对于遗嘱（遗赠）而言，即使在法律上具有实现的可能，也需要经过非常复杂的安排去解决，事实上已经超出了遗嘱（遗赠）的"能力"范围。

对遗嘱信托与遗嘱（遗赠）直接比较，不仅会发现二者的差异，而且会很轻易地想象到二者不同的运用场景。

信托成立时间是以立遗嘱人死亡时间还是以受托人承诺信托时间来确认？受益人放弃受益权或受益人死亡，相应受益权对应财产权益的归属在哪？信托安排与继承法"特留份"等制度相冲突的法律后果是什么？受托人无法承诺信托的后果是什么？自然人受托人及机构受托人如何选择与比较？遗嘱信托的效力与信托登记是什么？这些问题都有待进一步的解决，但这并不影响二者工具价值的比较。

正是因为遗嘱信托制度体系的不完善，才导致上述问题的提出。如果以生前信托与遗嘱（遗赠）进行比较，上述疑问大多数可能就不存在了。这就涉及工具运用的另外一个话题——工具的运用会受到制度环境的局限了。

进行深入比较的目的，不是肯定这个工具或否定那个工具，而是强调要真正地认识各类工具。既要认识工具价值能力的差异，同时也要了解在实现特定目的或适用不同对象之间运用效果层面的区别。

只有关注结构性工具的核心价值，只有在财富管理解决方案中有效运用结构性工具，家族才可能真正走在现在与未来之间。

微信扫码，加入【本书话题交流群】
与同读本书的读者，讨论本书相关话题，交流阅读心得

世

丰

篇

第21章

不是一种时尚，而是一种需要
——家族宪法与家族规章

不要好高骛远，家族宪法不是一次"打卡"

在家族财富管理领域的1.0时代——定义时代，财富家族就已经开始关注家族宪法。家族宪法在人们心中不仅是家族成功传承的经验，更是成功家族的标志，甚至在早期的一些家族财富管理市场活动中是以家族宪法的推动作为开端的。

最宏大的家族财富管理愿景，恰恰放在了市场萌芽阶段，好像有点可笑，但一定存在着历史的必然。试想，没有一个高远的目标与理想，如何才能唤起足够的关注与向往？其实每一个新鲜事物的导入都是这么开始的。市场觉醒后，产品和财技反而成为主流，毕竟这些来得更实在一些。

从实践来看，很多家族已经着手布局财富管理的整体解决方案，开始关注家族力等更深层次的问题，所以说现在讨论家族宪法正当其时，而且现在家族宪法的制定条件和技术已经基本成熟了。

之所以说此前家族宪法的制定技术是不成熟的，主要有三个判断依据：其一，此前家族关于家族宪法的诉求不真实，并且缺乏必要的家族共识；其二，此前国内相应领域的研究水平相对较低，高质量的研究成果匮乏；其三，此前并没有出现专注于研究家族宪法或提供家族宪法服务的机构。

这三个理由是客观的，也是有说服力的。当然今天也只是处于"基本成熟"阶段而已。

家族宪法是家族文化的重要组成部分，家族宪法的制定一定伴随着家族文化意识的觉醒，"基本成熟"是家族文化意识发展到一定程度的正常现象，这不是悲观的判断而是乐观的预测。

共　识

持　续　　　　远　见

时　机　　决　心

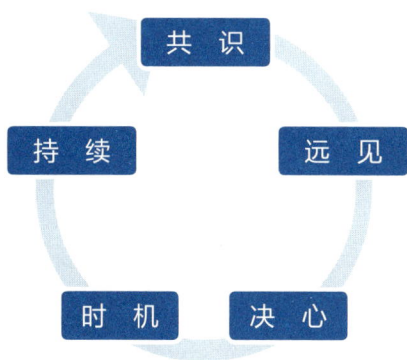

家族宪法的制定过程是艰难的，家族的上一代往往很期待，下一代也积极参与，都希望家族宪法能够落地。但最终能够做到的却寥寥无几。家族宪法的制定不仅是一个家族的认识问题，也是一个能力问题，更是一个环境问题，还需要一点运气。

虽然目前不少家族开始意识到家族宪法的重要性，内部达成了初步共识，制定的技术能力也足够支撑，但依然面临很多挑战：

其一，家族仅仅形成初步共识是远远不够的，家族宪法必须立足于家族广泛共识和深度共识的基础上，这不仅困难，而且需要一些"助缘"。

其二，家族宪法不仅规制当下，更约束未来的家族成员或利益相关者，预见未来要求家族整体必须具备足够的决心与远见。

其三，家族宪法往往是"盛世"的产物，很多时候进程会被各种家族的意外打断。一旦家族失去稳定与繁荣的环境，家族宪法就很可能无法推进。

其四，家族宪法的制定往往需要一个强势的、正值盛年且极富家国情怀的领导者，有能力、有耐心也有时间去推动、落实和优化家族宪法。

家族宪法一定不是一蹴而就的，它是一个时代的产物，它不仅是文字，更是要根植于家族成员的内心，流淌在家族成员的血液里。制定家族宪法确实不易，但形成文字的家族宪法就是真正的家族宪法吗？就能够被家族广为流传和遵守吗？

必须提醒家族的是，不要好高骛远轻言家族宪法，更不要以家族宪法作为家族财富管理的起点，家族宪法不是一次"打卡"，也不是一种时尚。

立足当下，从家族规章出发遇见家族宪法

为了避免与宪法的混同，有些人将家族宪法称之为家族宪章，其实大可不必，家族宪法的概念事实上在中国财富家族中已经深入人心了。

家族宪法在家族中的地位，就如同国家宪法在国家中的地位。国家宪法确定了国家的基本制度，是最高的行为准则，也是其他法律的立法基础；家族宪法，同样也是家族在最普遍、最根本的共识之上建立起的家族根本原则与基本制度。

家族宪法的重要性不容忽视。它不仅应当明确家族的价值观与最高政策，确定家族的基本制度安排，更概括了何为家族、何为家族事务。同样重要的是，它不仅规制现在，还约束未来。

正因如此，家族宪法其实是一个维持家族整体运作的庞大系统，它具有纲领性和复杂性。纲领性应当是家族广泛共识的达成，复杂性涉及家族的方方面面，因而家族宪法是不可能在短时间内建立起来的。

家族宪法　　VS　　家族规章

从大部分的实践来看，多数家族所谓的家族宪法实际上并不是真正的家族宪法，其本质是家族规章——往往针对某一类或某几类家族事务展开。

需要肯定的是，从家族规章的制定到逐步积累再到家族宪法的制定，这恰恰是一件好事。这个过程不仅确定了家族最重要、最紧迫的一部分原则与规矩，更是一个积累共识、强化共识的过程。

相反，在不具备条件的家族中"跨越式地"制定家族宪法，达成"不真

实的"所谓家族共识，虽然搞得轰轰烈烈，但最终无法执行，必将不利于家族的长远发展。

之所以赞成更多的家族在制定家族宪法时采用"集涓流以成川，集点滴以致大成"的方法，先从家族规章出发，原因有二：其一，达成小范围的共识远比达成广泛的共识更容易，家族规章的达成相对容易；其二，不同社会时期及不同发展阶段家族考虑的问题有所不同，如能在短时间内根据情况制定具有针对性的家族规章，将形成"小步快跑"的格局。

目前实践也证明这样的效果会更好。与其长期纠结于家族宪法而裹足不前，倒不如尽快通过家族雇佣、保障支持、流动性管理及投资管理等家族规章解决当下问题。在家族内部，通过共同努力解决的问题越多，家族共识也就越多；同时，这个过程中可以逐步养成家族充分沟通、共同决策的习惯，提升达成共识的能力。

这样看似慢了，实际上却是一个以慢成就快的过程。从家族规章出发遇见家族宪法，这可能是当下大部分中国家族的必然路径。

然而，是不是每一个家族都需要家族宪法呢？

一些规模不大、财富规模有限，不拥有经营性资产，也没有太多"共"的主张与家族情怀，或者说"分"的趋势已经基本确定的家族，制定家族宪法的意义不是很大。这个时候用一些家族规章解决问题，确定必要的家规家训，也许更有效，也更有价值。

不是每一个家族都必须制定一部家族宪法。解决问题的方式很多，有时没有必要"用大炮打蚊子"。家族规章对于当下的许多中国家族而言是一个更切合实际的选择。最重要的是，就家族规章的制定而言，家族马上就可以开始，而且很快会见到效果。

魂而生法，法而赋形，从文化到治理

家族宪法一定要能继往开来。继往是对家族过往积累的总结与提升；开来是给家族带来方向和指引，面对未来，能够落地与执行。否则，家族宪法将丧失最基本的价值。

家族宪法一般包括家族声明、家族治理及家族企业治理三个板块的内容。

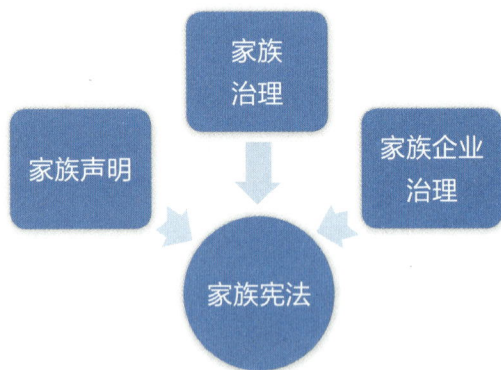

家族声明属于纲领中的纲领，核心内容是家族的共同使命与愿景、价值观、基本原则和精神等。有些人会觉得家族声明有点虚，但它恰恰表明了一个家族对于其与自然、社会的关系，及对于家族内外各种关系的理解与共识，是至关重要的。

如同穆里耶兹家族的"每人每事"一样，看似简单，实则价值非凡。家族声明是家族及家族成员判断与选择的依据，也是家族及家族成员行为与举止的指引，同时也是对家族精神的高度概括。

家族精神是家族文化的灵魂，家族声明则是规则化的家族精神，而家族治理、家族企业治理，则是具象化的规则。魂而生法，法而赋形，家族宪法正是从家族文化到家族（企业）治理中承上启下的关键。

家族治理是通过构建相应的家族内部结构与机制，妥善处理内部与外部利益相关者之间"人"与"权益"的关系。

穆里耶兹家族有近800名家族成员，在家族宪法中设置了：家族联合会——几乎所有成年的家族成员都有平等选举家族顾问委员会委员的权利；家族顾问委员会——由家族联合会的成员选举产生，宗旨主要是确保家族利益优先于个人利益，评价家族控股公司的战略决策是合可行，批准家族成员进入家族联合会；家族基金会——为家族成员的生活和创业提供充分的支持。

当下推崇的家族治理结构主要以家族大会、家族委员会、家族理事会等机构为核心权力机构，以家族办公室为主要决策机构及支持机构。

治理结构这架"骨骼"的运行需要"血脉"的支持，家族治理机制就起到了这一作用，其主要包括流程、规则及政策等内容。只有结构与机制有机结合，才能真正推动家族的内部治理。

一个适当的家族治理格局，可以集合家族全部的资源、能力和智慧，为家族（企业）提供强大的核心领导力与关键人力资源，有效管理家族事务，成为家族成员施展才华、交流合作、保障支持、冲突调解、情感凝聚、长远发展及家族力提升的保障。

家族企业治理与家族治理同样重要，也同样可以分别通过结构和机制进行考量。家族企业治理和一般企业表面上看是类似的，但核心的不同是：家族企业会想方设法地让家族价值观、家族精神和家族特殊资产融入企业战略中，并保证其在家族企业中的持续实现。

以李锦记家族为例，其家族宪法就对股权的继承和转让进行了特殊安排：股东必须都具有家族的血缘，股东退出的股份必须由企业统一购回；董事会成员必须是家族委员会成员，董事会主席一职也必须由家族成员担任。

可见，家族宪法是从家族文化出发的，具体化为家族的基本原则和实现路径。家族治理、家族企业治理中的基本结构和机制都应当源于家族宪法，并接受家族精神的指引。从这个意义上讲，家族宪法当然是家族最高的共同意愿！

制定家族宪法是家族的一堂共修课

制定家族宪法的过程与内容同样重要。家族如果能真正贯彻执行每一个流程，那结果肯定是令家族满意的。制定家族宪法的流程分为准备、起草、批准、执行、评估和优化六个阶段。

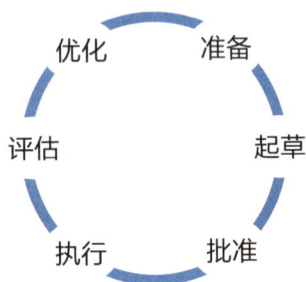

第一步——准备阶段

家族领导人发起后，首先要决定哪些成员参与制定家族宪法。规模较小的家族，让所有家庭成员都参与讨论是最佳的模式；规模较大的家族，通常由家族委员会或者分属的专门委员会来推动。

这一阶段的另一个任务是建立一个共同认可的决策模式，家族应事先就决策流程达成一致。

第二步——起草阶段

该阶段最需要关注的是以什么形式起草家族宪法，通常分为以过程的形式主导或以项目的形式主导两种。

以过程的形式主导，时间较长，过程多变，通常要花两三年时间才能完成。优点是每个问题都会得到成员的充分讨论，而这也是成员之间形成相互支持和相互谅解的过程。

对于诉求异常迫切的家族，往往偏向于以项目的形式主导。先组建工作小组进行准备工作，再由工作小组向整个群体提出建议，这种形式将大大缩短起草的时间。

这两种形式不是绝对的二选一，家族可以在起草过程中寻求二者之间的平衡。

第三步——批准阶段

这一阶段较为关键。采取哪种批准形式取决于家族考虑的重点，通常会采取一致同意或绝对多数决。公开投票形式应当是首选的投票方式。批准阶段算是制定家族宪法过程中的一个里程碑。

第四步——执行阶段

这个阶段需在四个执行层面同步推进：

1. 后续配套文件的起草和实施；
2. 持续修订和完善家族宪法的内容；
3. 不断调整和优化结构和流程；
4. 对家族宪法进行持续运用。

执行阶段最应关注的是效率问题。如果因执行不力导致时间拖得过长，家族对执行层成员的信任感将会化成泡影，共识和意愿可能难以再次建立。因此，制订一个切实可行的计划显得尤为重要。

第五步——评估阶段

随着不断经历新的挑战和事件，家族会在这个过程中不断总结出新的观点和经验教训。因此，家族应对现有的家族宪法进行评估，并决定是否进行相应的修改。

评估可以围绕四个方面展开：

1. 完成度：家族宪法形式和内容的完成情况；
2. 一致性：家族宪法是否包含不适宜的内容并可能给家族或企业带来危害；
3. 影响力：家族宪法能否真正影响行为，是否真正推动新的变化；
4. 执行力：是否付诸行动是最具决定性的因素。

第六步——优化阶段

制定家族宪法的过程，一定是发现问题、解决问题的过程，这需要家族不断地制定修正方案，因而优化阶段是一个必经过程。

无论现阶段是否进入了优化程序，都要对未来的修正程序进行明确的约定，并把握好保证家族宪法的稳定与保证修正和优化程序灵活性之间的平衡。

家族宪法的制定过程，同样可以用于家族规章，二者的制定流程从理论上应该是一致的。

家族宪法、家族规章制定的过程实际上是家族成员逐步参与家族事务与家族管理的过程，是家族共识逐步形成与奠定的过程，是家族成员的一堂共修课。最重要的不是结果，而是大家团结一致解决问题的过程。

家法与国法，保证家族宪法的有效与执行

家族历经重重的考验与磨难后，最终制定出一部与家族精神相契合的家族宪法，谁都希望这个家族成员共同努力的结晶能够代代相传，经久不衰。然而，每个家族都不是独立于社会的存在，家族的理念也需要与社会的理念契合，家族制定文件与执行文件也不能违背社会的底线——法律本身。

家族宪法虽然也有一个法字，但与日常的法律并不相同，家族宪法中更多的是对家族成员共同意愿的表达，往往不会特别注意法律约束力。如果要真正实现家族宪法的效果，有三个问题必须把握好：

其一，家族宪法作为一个家族财富管理工具，其内容既可能是与法律制度相冲突的，也可能是与法律制度相妥协的。

在家族宪法中，与人身权利、财产权利等基本法律原则直接冲突的公然违法性约定是应当尽量避免的，这是一个大前提。

家族宪法除倡导性的内容外，赋权性及强制性内容应当明确责任与后果，同时应明确自治规章的属性，特别宣示对于家族成员的法律约束力。

总之，要保证家族宪法在形式上是一份法律文件。

其二，家族宪法的内容应有配套法律文件的支撑，这无形中赋予了家族宪法更强的约束力。将家族意愿转化为结构性工具的治理安排就是一个比较有效的路径。

鲁伟鼎家族设立的鲁冠球三农扶志基金慈善信托，就是一个把家族意愿真正落地的典范。

鲁冠球三农扶志基金慈善信托的治理安排主要由三个机构——董事会、受托人与监察人组成。其中由董事会决策，受托人管理，监察人监督。这无疑借鉴了公司制度的治理原则与安排，并通过设立董事会确保了家族在信托中的核心地位。

慈善信托中，由鲁伟鼎出任董事会的董事长，鲁伟鼎的儿子鲁泽普担任慈善信托的监察人，监察人与董事长还存在着继任安排，这不仅给家族特殊的安排赋予了法律的效力，还为家族成员提供了成长与合作的平台，为家族事业的传承打好基础。

其三，要将家族宪法变成家族真正的法律，另一个不容忽视的问题是家族意愿如何与企业制度规范有效衔接。

家族宪法中企业治理部分与企业制度规范很可能存在交叉竞合。因此，家族在制定家族宪法的过程中，应与家族企业的股东协议、章程等文件同步规划，并通过治理机制将家族宪法的内容转化为公司的相应规范。同时，也必须把握家族治理与企业治理的边界，避免两者之间的过度干预。

李锦记家族通过对家族宪法内容的巧妙安排，强化了对家族自身的约束，区分了家族成员、董事会成员、股东和高管的角色，明晰了各自的权利与职责，在家族与企业之间建立起防火墙，防止互相越界和干预。而且，通过家族宪法把不同角色的权利与职责制度化、有形化、规范化，也是对家族的一种有效约束。

家族对家族宪法的制定，实质是一次重大的、历史性的家族治理事件，促使家族治理从非正式走向正式，从不规范走向规范。法律是社会习俗和思想的结晶，家族宪法其实也是家族习俗和家族精神的凝结。

家族宪法作为家族重要的结晶，如果不能保证其在法律上的有效性，将会是家族的重大损失。

第22章

面对家族文化的资本价值
——家族文化养成的关键要点

三重维度——形文化、法文化及魂文化

大多数人关注的是有形财富的保护、管理和传承，这是正当且合理的。遵从正确的逻辑，通过适当的路径，运用合理的工具，实现财富管理的基本目标是可能的。

采用同样的逻辑、路径和方法，为什么有的家族（企业）能传承100年、200年甚至1000年以上，但有的家族（企业）传到第二代就已经很不容易，很难传到第三代，即使到了第三代也已经面目全非了呢？

事实上，家族的家族力是有强弱之分的，也就是说家族之间的生存力、发展力及价值力存在整体差异。那么，差异的决定性力量是什么呢？

"参天之木，必有其根；怀山之水，必有其源"，家族的传承之根、生命之本实际上就是家族文化，是特殊的家族财富。

家族文化是家族在实践中形成的一种基本精神和凝聚力，是全体家族成员共同的价值观和行为准则。家族文化就像一个同心圆，由表及里有三个层次：外层的形文化，中间层的法文化，内层的魂文化。

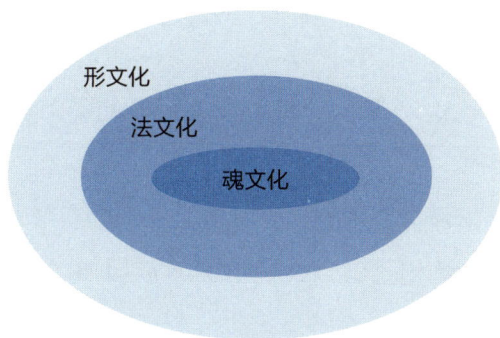

很多人认为家族文化是精神层面的，是虚的，这是一种误解。其实外层和中间层的文化内容是属于有形的、可识别的，是可以触摸的。

比如在广东地区经常见到的祠堂，是家族制度最重要的外在表现形式，也是家族文化的重要载体。

宗祠是宗家血脉所系，也是宗家盛衰的标志。每个祠堂都有代表着特有内涵的堂号，一般以慎终追远、团结血亲、敦宗睦族为内容，比如"叙伦堂"中的"叙伦"，就是教育后人要"明伦倡序、知书达礼"。家族的形文化虽然更多显现为物质层面，但是其承载的是家族共同的价值观，是有着丰富内涵的有形载体。

家规家训，是家族内部父祖辈对子孙后代的训诫与教化，是家族的法文化。

无论是薪火相传的世代望族，还是名不见经传的小姓微族，家规家训都是家族文化的重要载体，是代代相传最重要的信物。"忠厚传家久，诗书继世长"，一个家族的思想、观念、精神、风气等通过家规家训这个载体养成独特的文化和气质，并传承与发展。

周公的《诫伯禽书》首开中国家训先河；秦汉以后，传统家训逐步完善；隋唐家训日渐成熟，到了宋元走向繁荣；明清两代，家训更是繁荣鼎盛，其中最具代表的是《颜氏家训》《帝范》《袁氏世范》《了凡四训》及《朱子家训》等。

清代后期，家训开始走向衰落。但曾文正公的家书流传至今，具有很强的影响力。

家规家训成为各个时代、各个家族共同遵守的"约定"和"规矩"，注入每一个家庭或家族的生命之中。每一个繁荣昌盛的家族，必有流芳百世的家训。

遗憾的是，现今很多家规家训已经失落，即使传承下来，大多也只是教育的附会与附庸而已。

人们祭拜祠堂，谨记家规家训，其实是以一种有形的载体承载着无形的精神，并以此影响着人们的行为，这就是家族精神，也就是家族文化的内核——魂文化。

　　家族精神是家族在长期的生活实践中形成的共同价值观，随着历史的发展，这种精神融入形文化和法文化之中，不断养成、追溯和传承，是家族顶层规划的重要内容，通过它可以解决家族传承过程中最难解决的问题。

觉醒之间——一个共识，三个关系

当下很多家族重提家训，重建家规，倡导制定家族宪法，这不仅是好的开始，更是一个真正意义上的家族文化觉醒。

近年来中国传统文化复兴的推动确实产生了实效。同时，西方家族宪法、家规家训的引入与宣传，让家族猛然发现了全球性的共同经验。这两方面都是家族文化觉醒的重要推动力量。

就每一个家族而言，即使家族意识觉醒了，是否能够形成家族共识也是不确定的。没有家族共识，就不会有普遍参与；没有普遍参与，就不会有普遍尊崇；没有普遍尊崇，家族文化就没有价值力和生命力。

换句话说，在家族文化建设上不要人云亦云，更不要盲目跟风，能够达成制定家族宪法、重拾或重建家规家训的家族必须具备一定的家族共识，这是先决条件！

同时，家族对古今关系、中西关系、三层文化的关系也是必须梳理清楚的。

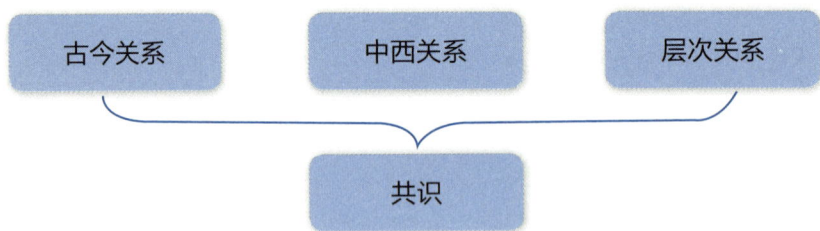

古今关系	中西关系	层次关系

共识

古今关系实际上是家族文化如何继承和发展的问题。古为今用当然是必要的基本原则，但宜用则用、宜新则新也同样很重要，三者是并行不悖的。

在处理中西关系时应当注意因家族结构不同而导致的文化差异。连日本与中国的文化都是貌似而神不似，其他以基督教文化及契约文化为核心背景的西方国家的文化就更不用说了。

中与西虽有共同美好的价值追求，但文化底色不同，在坚持西为中用的开放原则下，同时还要强调宜用则用、宜中则中两个原则。

要从根本上解决家族文化问题，还是要从魂文化、法文化及形文化的三层关系上入手。

首先，形文化与法文化是魂文化的外化形式和载体，魂文化是家族文化的内核。没有家族精神这个内核，所有的形文化就停留在形上，只是一栋建筑、一块牌匾、一个行为、一篇文章等物化的东西。

家族文化既是对过去家族价值观的总结，也是对现在家族活动的提炼，更是对未来家族发展的期许。如果一味照抄、照搬西方家族宪法或古代家训，脱离了当下家族的价值观与家族精神，家族文化就无法与社会价值观相契合，家族成员将无法认同和遵守，不可能形成真正意义上的家族文化。

其次，法文化是连接魂文化与形文化的中介，是魂文化的产物，是形文化的一种工具。管仲曾经这样定义法："尺寸也，绳墨也，规矩也，衡石也，斗斛也，角量也，谓之'法'。"法文化就是将家族共同的价值取向融入家规、家训、家法等制度中，用以建立家族治理的秩序，成为教育与约束家族成员行为的准则，使得家族成员共同遵循。

古人讲治国应"德礼为政教之本，刑罚为政教之用"，德法共治是国家治理的成功经验，更应是家族治理的借鉴之道。一味追求家族精神，强调德育，不辅助法治，是无法建立起健康且有序的家族生态秩序的。

显然，只有家族文化意识的觉醒是远远不够的，形成真正的家族共识，梳理并把握好古今关系、中西关系，把握好形文化、法文化及魂文化的关系，才是走上家族文化发展之道的要旨。

透析家族文化的资本视角

家族文化不是看不到、摸不着的"诗和远方"，它可以鲜活地存在于每个家族之内，附着于每个家族成员身上，彰显于每一个家族活动之中。

家族文化既有物质层面的，也有精神层面的。它是一种能把过去、现在和未来同时展现在一个画面中的载体——汲取了历史的精华、肩负着当下的创新、承载着未来的希望。就这一点而言，家族文化是独一无二的。

家族文化不是孤立存在的，通过自身的形、法、魂赋能于家族资本，并与之相融相生，穿越时空，生生不息，形成决定家族力的核心力量。

其一，家族文化赋予社会资本以价值。

一个家族的社会资本是家族以及家族成员在长期的社会实践和互动交流中，从社会网络中获得的资源和权利。它不仅仅是一种能为家族带来收益的、持续稳定的社会关系，更是一种得到社会普遍认同、信任、尊重并引领社会发展的能力，这是社会资本最核心的价值。

这种价值来自家族文化的融入，来自家族价值观与社会价值观的匹配，来自家族对社会资源、社会资本的价值取舍。因此，有价值的社会资本，是家族文化下的社会资本。

不同的家族文化会产生不同的社会资本。比如罗斯柴尔德家族的经典祖训——"你是谁并不重要，重要的是你跟谁在一起，要和国王一起散步"，这是家族文化与家族社会资本融合的经典。

其二，家族文化赋予人力资本以共识。

家族人力资本是指家族成员或家族企业雇佣成员本身所具有的教育、技能、文化知识以及经验的积累。人力资本强调个体资本价值，但是家族传承强调群体的共识。谁能承载这种共识？只有家族文化。

家族文化本身就是全体家族成员共同价值观和行为准则的表现形式，是一种基于传承之上的选择与淘汰的活动。无论是家族成员还是家族雇佣人员，所有能够成就家族以及家族事业的人都必须建立对家族文化认同的基础，家族文化是协调家族成员关系的关键。

因此，只有将家族文化融入人力资本，通过共同价值观的认同，达成思想上的共识、行动上的一致，家族才会上下同欲、家族和合。

其三，家族文化赋予金融资本以保护。

我们说的家族金融资本，一般是指家族拥有的有价值的经营性资产、非经营性的不动产与其他资产等各种形态的资产。金融资本能够持续保有并实现其价值，除了相关金融工具的运用，更重要的就是家族成员的保护、管理和传承意识。

物质和精神本身就是互相联系、密不可分的。只有通过家族文化，在家族成员之间形成一种基本精神和凝聚力，才能更好地促进金融资本的实现。同时，家族文化被社会认同，也可以形成一种家族信用，降低交易成本，提升金融资本的价值。

其四，家族文化赋予文化资本以内容。

这个应该比较好理解，文化资本的核心内容就是家族文化。

显然，家族的四大资本都离不开家族文化，家族文化是四大资本的内核。家族文化无处不在，已经渗透到家族发展的各个阶段，是家族力的重要核心支柱。"传承的财富，永远的精神"并不是空洞的口号，而是正中靶心的诠释！

一脉相"成"的家族文化养成路径

家族文化不是一蹴而就的，而是逐步养成的。家族文化的养成有三层含义：培养、成长与成就。

首先应通过制定家规家训、家族宪法等制度文化，培养家族成员的共同价值观和日常行为准则。

同时，家族文化是一个长期性的工程，一定要有家族代代相续、始终如一的坚守，而且要经过不断的反思、锤炼、完善，最终才能修成正果。

经过培养和成长，家族文化不仅有了形和法，最终成就的是家族精神——家族之魂。家族成员不仅要镌刻在脑子里，而且要成为自然的反应与习惯。

这样家族文化才能真正实现一脉相"成"。

日本第三大财阀住友家的凝聚力指数超过三菱和三井，居于首位。住友政友在晚年用书信方式写下了有名的《文殊院旨意书》，成为住友家第一份家规。

从1707年至1873年的166年间，住友家共有58份家法、家规传承，并不断完善，至今"住友的事业精神"仍历代坚守《文殊院旨意书》的核心，形成一贯的经营宗旨，即："第一条我住友之经营，注重信誉，讲究诚实，以此固本，谋求发展。第二条我住友之经营，审时度势，究理财得失而定张弛取舍；不苟求浮利，尤忌轻举冒进。"这已成为住友家的灵魂支柱。

文化的养成没有固定的模式，但有四个核心要点是要重点把握的。

形式与内容并重

家族文化的养成不仅是形式的养成，也是内容的养成，要做到形、法、魂并重，形式和内容相辅相成。明确了这个理念，就有了正确的方向。

顶层设计和具体实践同步

在当今，能够借鉴的家族文化信息和研究成果很容易获取，家族文化框架体系的顶层设计已经成为一个可能。这个框架既是一个目标，也是一个实现路径，更是一个方法。家族文化不再是古人从生活积累着手，而是可以将顶层设计与具体实践同步推进。

"节制饮酒吸烟，常注意卫生"等至为简单的家规家训，总认为过于细枝末节，意义不大，这是一个非常大的误区。"细枝末节"的内容不仅最容易达成共识，而且容易开始；同时，"细枝末节"的内容达成共识以后，在家族环境氛围下也容易遵守。一旦固化了几条家规家训以后，后续的家规家训就相对易于形成了。所以说贵在开始，而且从"细枝末节"的内容入手，可能是一个开始的捷径！

这也应了老子说的"合抱之木，生于毫末；九层之台，起于累土；千里之行，始于足下"。

上下同欲，凝聚共识

上下同欲者胜，同舟共济者兴。家族文化是以人为本的文化，通过各种方式，促成家族凝心聚力，以少积多，由浅入深，达成共识，这是贯穿于家族文化养成过程的基础与内容。

过程为先，水到渠成

家族文化养成的过程与结果同样重要！

家族成员必须充分交流，充分沟通，这是家族内部相互理解、澄清差异及达成共识的前提。家族成员不仅要关注非正式的沟通，也要强调正式的沟通，甚至要彰显沟通的仪式感。

家族文化的正确养成过程本身就是家族文化的重要内容，所以说过程为先。培养得好，成长得好，成就的结果就会水到渠成。

家族文化的实现模式是一个内化于心、外化于形的过程，持续养成才是路径。

第23章

如何才能成为一名合格的股东
——被忽视的家族所有者教育

家族所有者教育的N个理由

中国家族的所有者教育是缺失的，不仅忽略了所有者教育，也未能意识到所有者教育的重要性。所有者教育是一个持续且不断更新的过程，涉及角色教育、权利教育及责任教育三个层面。

所有者教育的缺失导致家族二代、三代的所有者不了解自己的权利，更不用说如何正当行使权利了。不仅如此，对当前一代的教育也是不容忽视的，他们虽然具备发展企业的能力，却不一定已经学会了如何做一名合格的股东。

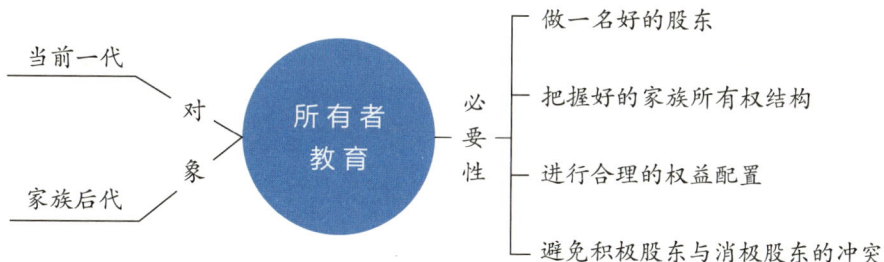

当前一代
家族后代
对象
所有者教育
必要性
做一名好的股东
把握好的家族所有权结构
进行合理的权益配置
避免积极股东与消极股东的冲突

做一名好的股东，必须进行所有者教育

真功夫的蔡达标、雷士照明的吴长江等很多企业家的锒铛入狱，说明家族所有者对如何做一名好的股东是不了解的，不仅无法把握权利的边界，也未必清楚主张合法权利的正当路径。

把握好的家族所有权结构，必须进行所有者教育

大多数的中国一代企业家没有能够从创业的初期便对所有权结构及相关的权益有一个清晰而准确的界定及认识，更没有在后期发展及诉求改变过程中进行必要和有效的调整。

台湾长荣集团传承案例，就是很好的例证。张荣发先生在2016年春节前夕辞世，一个月之后其遗嘱由二房独子张国炜公布，在张荣发先生的遗嘱中，明确："本人之存款及股票，全部由四子张国炜单独继承……公司业务接班，我本人希望：四子张国炜接任集团总裁……"后续的豪门恩怨已经成为公知事件了。

最终结果背离张荣发先生的意愿是必然的，事实上大房一支享有长荣集团的控股地位，长荣集团的所有权结构并不支持张荣发先生个人意愿的顺利实现。

家族（企业）的传承，光靠个人意愿是很难实现的。对于经营性资产而言，如果没有良好的所有权结构作为支持，不仅仅是传承，连家族（企业）的保护与管理也都将变成空话。

进行合理的权益配置，必须进行所有者教育

权益如何分配呢？这对家族而言的确是个难题。比如家族的第二代共有三个孩子，传承时，所有权比例如何分配？是30：30：40，还是20：30：50？各自持有多少？抑或是平均分配？

今天张家的股权是这样安排的，后天王家看两家情况差不多也就一样安排了。这是非常容易进入的误区，因为家族根本没有一套完整的逻辑。

避免积极股东与消极股东的冲突，必须进行所有者教育

家族企业必然会形成积极股东和消极股东，此时所有者教育就显得更加重要。消极股东想保障自己的权利；积极股东希望做好控制家族企业局面的角色，但却未必清楚权利边界。

强调家族所有者教育，很重要的一个目标是确保家族（企业）的顺利传承。实际上，一旦做好了所有者教育，对于家族（企业）传承前、传承后的安全、发展都会起到非常积极的作用。

所以说，如果就家族所有者教育的价值展开充分讨论，进行所有者教育的理由远远不止上面讲到的四个，也许有N个。

家族所有者教育的价值虽然在家族企业中更突出，但绝不仅限于此。任何资产、任何法律结构都面临所有者教育问题，如家族信托的所有者教育。可以说只要涉及权利归属，便都会涉及所有者教育的问题。教育方法或许存在差异，但是其中的逻辑是一样的。

不仅积极股东要合格，消极股东也要合格

伴随着代际的发展、家族成员的增加，家族企业所有者人数也不断增加，这意味着现有所有者的股权很可能会被进一步稀释。如果没有好的所有权结构，所有权将从集中到不断分散。但即使有好的所有权结构，利益主体也是在不断分散的。

家族企业会逐步进入更复杂的所有权阶段，产生积极股东与消极股东是必然的。如何避免积极股东与消极股东之间的冲突，将是家族企业面临的巨大问题。

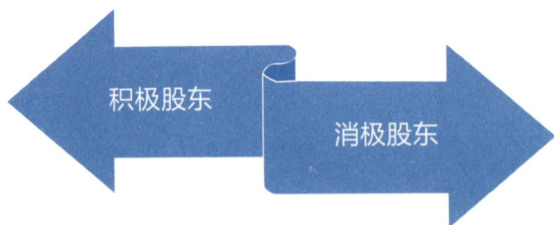

香港鹰君集团罗氏家族的案例表面上看是控制权争夺，本质上是积极股东与消极股东的冲突问题。

《家族企业所有权——如何成为合格的股东》一书中提到："他们对于家族企业面临的问题万分关切，与管理层之间也建立了深厚联系。他们会努力地了解公司战略，同时也会花时间尽心尽力地推广企业文化。换言之，他们对公司所有的兴趣是非常真切的，正因如此，他们才会不遗余力地向管理层提供支持，同时也会在适当的情况下插手公司事务。"①

这就是积极股东的基本样貌。他们因为长期、持续地关注家族（企

---

① ［美］克雷格·E. 阿伦诸夫、史蒂芬·L. 麦克卢尔、约翰·L. 沃德：《家族企业所有权——如何成为合格的股东》，胡弯、马俊龙译，电子工业出版社2016年版，第20页。

业），了解家族与家族企业的发展方向，因此可以从家族立场出发，在适当的时机作出恰当的判断和选择。但有时也难免会出现用力过猛的情形。

消极股东可以理解为因持有股权比例较小或其他因素而无法对家族企业经营决策产生重大影响的所有者。

对于消极股东而言，因为持有的股权较少，股权的价值更多地体现在其收益权上，因此消极股东的股权流动性意愿往往较强，而行使其他权利的意愿往往较弱。

无论是积极股东还是消极股东，或者是其他类型的股东，他们都会通过不同的形式对家族（企业）产生特定的价值，也都需要承担相应的责任。

对积极股东、消极股东的冲突处理不好，首先对家族（企业）资本的长期平衡是非常不利的。同时，两者的冲突更会导致家族内部冲突，影响家族成员关系，将对家族（企业）产生巨大的负面影响。

由此，从角色、权利和责任三方面展开家族所有者的教育是很有必要的。

对积极股东的教育，应当集中在如何做一名好的企业领导者。积极股东应当对权利的边界有清晰、准确的认识，并关注其他股东的利益，具备必要的牺牲精神，更应当承担相应的责任。

消极股东同样是家族企业的所有者。躺在权利上睡觉的人不会得到保护——消极股东依然应当积极行使各项股东权利，这是一种权利，更是一种责任。

应当努力让家族所有者做到：将自己看作家族企业的管事者；在考虑自身福利的同时也会兼顾其他人的福利，包括家族企业本身、家族、其他家族成员，以及其他股东；会进行自我教育，对家族所有权有更为深入全面的了解；理解所有权是一种特权；想方设法地为家族企业增加价值。

对于家族而言，不仅仅需要所有者教育，在家族（企业）治理及家族所有权结构配置上，还应当特别注意针对性机制的安排与正常运行，以促使和保障家族所有者，不论积极股东还是消极股东，不论是拥有1%还是99%的股份，都成为合格的股东，这一点也是非常重要的。

角色教育、权利教育与责任教育

在大多数场景下，所有者教育一般从家族企业角度去展开，但家族所有者所面对的不仅是股权，也包括了其他法律结构及资产上的所有权。

同样，权利的所有不仅仅是指对所有权的所有，也应当包括经营权、控制权以及收益权的所有。

无论是对经营性资产，还是对非经营性资产，所有权、控制权、经营权及收益权这四个权利都是客观存在的。可以把这四个权利比喻成四条路径，不同的人选择或所处的路径是有区别的。

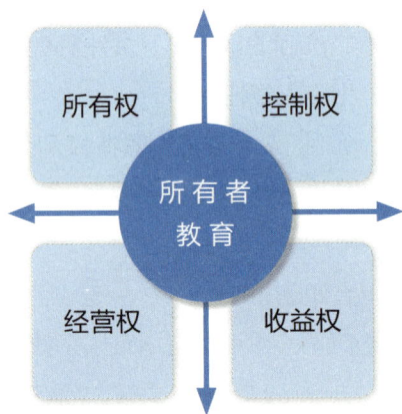

不同的所有者所思、所想、所为是不同的，不同的权利也有不同的权利逻辑以及对所有者的不同要求。例如，对实际控制人而言，有控制人的要求；对收益权享有者而言，有收益权享有者的要求。

从长远来看，所有权、控制权、经营权及收益权这四个权利的进一步分化是必然的，甚至是一种趋势。作为家族，不可能去改变这种趋势，实际上也很难去改变，只能顺应和把握这种趋势。

这些都是家族所有者教育最核心的内容，既要有长期性，也要有针对性。比如，家族信托教育的出发点是委托人教育，委托人应学会在法律规定的框架内，遵循家族信托的合规性与价值性，并以此为线索去做家族信托的架构设计与安排。

从长远来看，家族信托教育重点是监察人、受益人的持续教育。他们对于家族信托的长久存续是更关键的角色。他们必须学会忠于家族信托的目的，要充分认识自己的权利，学会恰当地行使权利，了解表达诉求的途径并能选择最为适当的途径进行表达。

不仅如此，除了所有权，情感与责任也同样是重要的教育内容。

家族所有者的本质是什么？是每一代家族财富的管理者。他们需要遵从于家族，这就需要以情感与责任作为连接点。一名合格的家族所有者，应当对家族企业、家族及家族现在和未来的成员负责，而且应充满情感。否则，不可能成为一名合格的家族财富管理者。

很多家族一代在创业时，便有意识地安排自己的子女从小去企业帮忙，做一些力所能及的事情，比如男孩跟着父亲一起搬运货物等。在这样的过程中，子女们自然可以看到父辈创业的艰辛与不易，责任与情感就是在这种持续不断的打磨中不知不觉地在心里扎根、发芽、成长的。所以说，共同体验是一种非常重要且有价值的方式，是一种持续的、潜在的所有者教育，能让家族成员及家族代际之间建立起难以割裂的情感纽带，并了解彼此的责任。

这并不是家族所有者教育的全部。家族还要教育家族所有者对企业员工负责，进而对社会负责。家族所有者，不仅是每一代家族财富的管理者，从更大的视角来讲，他们更是社会财富的管理者，应当肩负起一定的社会责任。既要扎根家族情感，也要承担社会责任，这是对每一名合格所有者的基本要求。

所有者教育并不是一件一劳永逸的事情，而是长此以往的，是需要家族所有者毕生投入的。总有新的东西需要学习，或者与家族相关，或者与家族企业相关，又或者是与如何提升家族所有者的能力相关。这是一个永无止境的学习过程，同时也在某种程度上构成了让每一个家族所有者激动人心而又妙趣横生的经历。

第24章

影响未来的基本政策
——家族雇佣政策与家族经理人

家族雇佣政策不是可选项，不可或缺

对于家族雇佣政策，绝大多数家族（企业）都存在认识偏差。

很多家族领导人将这个问题看作是处理家族人际关系、自己是否有威信有手段的私人问题，或者认为完全是一个企业如何用人的问题，甚至是一个企业招聘的问题。

以大小观之，家族雇佣政策既关乎家族，也关乎企业。家族成员的进入、考核和担任高级管理层，不仅仅是企业的问题，也是家族问题。如果家族成员享有太多的特权，企业中的非家族成员则难免心生不满；但如果阻断家族成员进入企业的领导层路径，家族的特殊资产则很难涉入与传承，家族企业的核心优势则无法发挥。

以远近观之，家族雇佣政策解决的绝不仅仅是当下的用人问题，而是关系到家族（企业）接班人如何在体系中培养与成长、家族经理人与职业经理人如何长期共治的问题，可以说它决定了家族（企业）的未来。

家族雇佣政策的必要性是由家族企业的发展特性决定的。随着家族企业的发展壮大和家族（企业）的世代交替，所有权、家族、企业会相互交叉并演化为七类不同的角色，家族需要处理的关系变得非常复杂，家族企业如何雇佣家族成员就是其中一个重要且棘手的问题。

比如：一些家族希望长子接班，其他子女担任高管角色辅助长子经营；一些家族只允许长子进入家族企业，其他家族成员不得进入；又有些家族鼓励所有家族成员在家族任职，实行自愿申请的原则，并设定一些基本要求。这些传统做法和惯例都是非正式的家族雇佣政策，执行与否取决于家族领导

人的意愿和权威，还是一个私人问题。

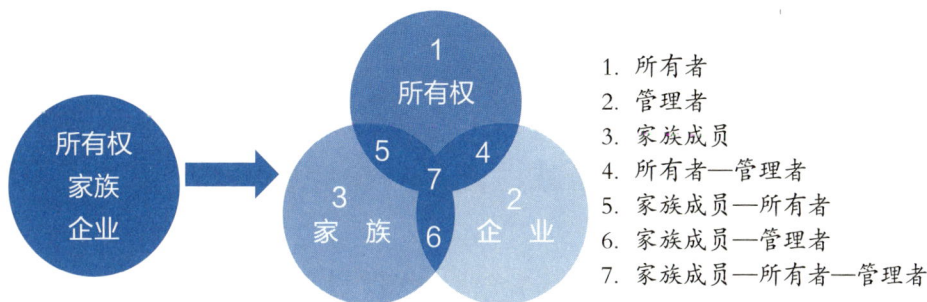

1. 所有者
2. 管理者
3. 家族成员
4. 所有者——管理者
5. 家族成员——所有者
6. 家族成员——管理者
7. 家族成员——所有者——管理者

　　如何决定家族成员进入家族企业？进入之后如何安排和培养？如何考核和评价？哪些成员是不可以进入的？如果能由一个家族事先达成共识的家族（企业）正式政策去解决这些问题，效果会不会更好？

　　所以，家族雇佣政策不仅要有非正式的部分，比如家族领导人的意愿和家族成员的职业规划等，更需要有看得见的正式规定及配套制度。让正式与非正式的家族雇佣政策相结合，可以更好地处理家族与企业之间、家族（企业）与非家族利益相关者之间的关系。

　　家族雇佣政策为各方提供了一个可预期的标准，基本目的是确立管理家族成员进入和退出家族企业的具体程序、步骤和标准。更深层次的目的，则是消除误解和歧义，让有志于进入家族企业的家族成员可以进行职业规划，并为家族企业培养和挑选合适的家族经理人，以实现更大的目标。

　　从家族（企业）的角度出发，雇佣政策是通过教育、规划和规则来为家族成员是否进入家族企业进行引导、定位与安排的；而对于家族成员而言，雇佣政策是一种进入家族企业工作的意愿和职业规划。家族雇佣政策是家族企业的需要与个人意愿、能力的匹配。

　　从非家族利益相关者的角度出发，家族雇佣政策是他们所接受的家族企业雇佣家族成员的规则，帮助他们选拔、监督和约束家族经理人，是家族对他们的交代。

　　所以，家族雇佣政策不是可选项，而是家族（企业）发展的必然选择。

不是简单的几个条款，而是一个完整系统

家族雇佣政策的安排是家族（企业）治理的一个重要方面，必须有一个从上到下、从家族政策到企业具体规章、从决策评价机构到执行实施机构的系统安排。

家族雇佣政策不是简单的几个条款，而是包括了指导原则、决策机构和机制、准入资格及管理四大方面。

指导原则	决策机构和机制	准入资格	管理
●目的 ●愿景 ●价值观 ●家族成员和非家族成员的雇佣标准是否一样 ●接班人与非接班人是否区别对待	●由谁决策 　○家族委员会 　○就业委员会 　○企业董事会 ●决策机制 　○一致同意 　○多数同意 　○过半同意 　○一票否决	●家族成员配偶、姻亲是否可以加入 ●申请程序 ●教育背景 ●工作经验 ●知识技能 ●年龄范围 ●职位的特殊要求	●初始岗位 ●轮岗制度 ●汇报关系 ●表现评估 ●晋升 ●薪酬 ●辞退 ●回归 ●兼职 ●实习

指导原则

指导原则是家族雇佣政策确定的基本原则，具体政策是可以调整变化的，但指导原则是比较恒定的。指导原则需要家族内部达成深度共识，而且需要与家族的价值观相匹配。

指导原则除包含目的、愿景及价值观外，也会明确家族成员与非家族成员的雇佣标准是否一样，接班人与非接班人是否区别对待等方向性问题。

决策机构和机制

任何一个政策都必须解决由谁决策及决策机制的问题。家族（企业）的双重治理逻辑也是适用于家族雇佣政策的。一般由家族决策机构（如家族委

员会）发起并制定，但仍然需要家族企业决策机构（如董事会）的批准，并转化为家族企业制度，由家族企业管理者配合执行。

实践中，决策机构可以指定由家族成员代表、外部专家、外部股东和职业经理人代表组成的专门小组制定家族雇佣政策。这不仅可以保证家族雇佣政策的有效性，也可以得到利益相关者的认可与遵循。当然，家族雇佣政策还需要定期评估和完善，以便适应各种变化。

准入资格

每个家族都有自己的特殊意愿与要求，希望与之相符的家族成员进入家族企业。同时，任何一家企业对人力资源都有特殊要求，并不是每一位家族成员都当然可以进入家族企业。

解决这一矛盾的方法就是为家族成员进入家族企业设定具体的门槛。一般来说，应当对家族身份、申请程序、年龄范围、教育背景、外部经验、实习经验、知识技能及岗位资格等设定标准。

管理

家族雇佣政策的管理机制应当全面且系统，能够覆盖家族成员职业发展各个阶段所面临的各种问题——初始岗位、轮岗制度、汇报关系、表现评估、晋升、薪酬、辞退、回归、兼职及实习等。

各方最为关注的一般是晋升与薪酬。

有些家族认为家族成员需要和非家族成员遵守相同的晋升制度；另一些家族认为家族成员应该拥有特别的晋升路径，认为实行与非家族成员一样的职业路径是不现实的。每种做法都有自身的考量，需要做到的是事先明确并与家族经理人做好沟通，让家族经理人在做职业规划时有所依据和侧重。

在家族企业中，家族成员的角色总是特殊而重要的。在非家族成员的企业员工看来，家族成员的薪酬标准直接反映了企业的公平理念。因此，家族经理人的薪酬确定需要把握透明和按劳所得两大原则。

家族需要重点思考如何客观评价家族经理人的表现，对于家族经理人的调整、约束、监督和退出机制也是家族雇佣政策的一部分。

家族雇佣政策由家族（企业）权力机构依据指导原则决策，规定了家族经理人的准入、管理和退出等机制。总的来说，家族雇佣政策不是几个简单问题的汇总，而是一个在家族（企业）中执行并不断迭代更新的完整系统，需要家族（企业）给予足够的重视。

接班人培养、雇佣政策与职业经理人

家族雇佣政策和接班人培养的关系是每个家族（企业）需要深入思考的问题。要理解两者的关系，首先要理解两者的定位是什么。

接班人培养，是通过制订计划，让一个或多个候选接班人通过参与计划成长为家族（企业）的领导人。接班人培养计划还会将最终目标分解为阶段性目标，包括业务入门、业务熟悉、领导力培养等。这是一种主观计划。

而家族雇佣政策是关于家族成员进入并在家族企业中工作的规则，通过规则帮助家族企业选拔和培养合适的人才，将不同的家族成员放在与其匹配的位置，并约束其行为。这是一种客观规则。

接班人培养计划需要遵守家族雇佣政策，接受家族雇佣政策的约束；在遵守指导原则的前提下，家族雇佣政策需要配合接班人培养计划，作出适当的调整。可以说，两者是一体两面的。

但是两者应该仍有对方无法覆盖的地方。比如说，家族雇佣政策规定约束的对象不仅包括了候选接班人，还包括了在管理层的其他家族经理人和其他在基层工作的家族成员。

家族雇佣政策也有家族接班人培养无法覆盖的范围，但为家族企业接班人和其他在家族企业工作的家族成员提供了相互转换的基础。

从候选接班人到成长为真正的接班人，还有太多的不确定性，不仅需要候选接班人有意愿、天赋和努力，还需要其与企业契合，能迎合环境和时代的发展。在候选接班人培养和成长的过程中，必定会有调整和选择。有些家族经理人表现突出，被增选进入培养计划；有些不合适的则被逐渐退出培养计划，成为普通管理层，或者成为基层员工，甚至退出家族企业。

从接班人培养的范围来说，也有家族雇佣政策无法覆盖的方面。

从时间维度来说，家族接班人培养不仅包括进入家族企业后的培养阶段，还包括未进入企业之前的早期培养阶段；从范围维度来看，家族接班人培养不仅包括如何让接班人成为企业领导人，还包括如何让接班人成为合格的所有者和家族的领导人等。

因此，家族雇佣政策和接班人培养是一体两面的说法是对于家族企业接班人进入企业工作的培养阶段而言的。

随着家族企业达到一定规模，仅仅依靠家族成员来发展企业是不现实的。尤其是在目前四期叠加的大背景下，仅仅依靠家族成员已经难以保持家族企业的竞争力，从家族治理转向家族经理人与职业经理人共治的模式是一个大的趋势。

在业内普遍关注的美的、新希望六合等案例中，家族都做了不同路径的尝试，充分说明家族经理人和职业经理人的共治是可行的，且共治的方式是多种多样的。

范博宏教授曾经提出过一个理论，让家族经理人传承家族特殊资产，让职业经理人传承核心资产以外的资产，以此实现家族经理人和职业经理人的分工和平衡。这样的两分法在理论上固然合理，但实现的难度较大。

家族化和去家族化都不是目标，解决好家族经理人与职业经理人的共治问题，最终还是要回到家族（企业）治理与家族所有权结构这两个大的框架里来，运用相应的逻辑找到家族经理人与职业经理人共治的答案是可能的，也是可行的。

第25章

家族（企业）财富传承的关键时刻
——家族领导人与接班人如何顺利交棒

再次厘清家族传承问题的几个思考逻辑

我们一直强调家族（企业）的保护、管理与传承并重的基本观点，这是整体解决方案的应有之意，无疑是正确的。虽然家族传承一定不是唯一的重要问题，但的确是关键问题。

理论认为，家族传承应当聚焦到三个层次予以考量，即传什么、传给谁及如何传？这方面有很多研究成果，我们也曾经写过一些文章参与讨论。

这个思考逻辑符合解决问题的正常认知，找到标的、明确对象、选择路径、从理论研究出发作为家族传承研究的底层逻辑是可行的。但在家族传承的实践过程中，我们越来越觉得三层次的思路有点大而化之，很难落地，或者说不见得是解决问题最有效的思路。

在近些年的实践中，我们有了一些心得体会。我们逐步尝试从财富传承、权杖交接、文化相续三条线索去观察和实现家族传承问题，也就是说依照对象的不同、规律的不同、逻辑的不同、路径的不同、技术的不同、工具的不同，从三条线索去回答传什么、传给谁及如何传的问题，这样易于落地，也比较有效。

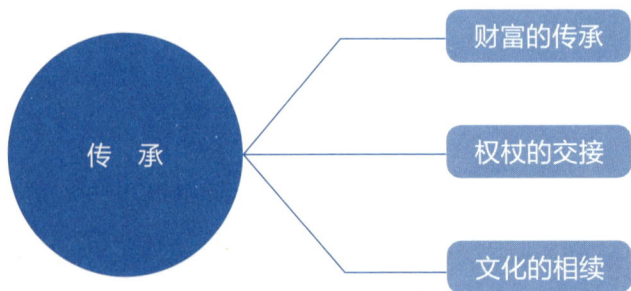

财富传承、权杖交接与文化相续虽然有共同的规律，但需要解决的问题是不一样的，最终落地的解决方案当然也不同。这就是从三条线索出发的实务价值。

而且三者的难度事实上是次第提升的，权杖交接的难度大于财富传承的难度，文化相续的难度高于权杖交接的难度。

当下家族对于财富传承与权杖交接的问题提及得比较多，对文化相续实际上关注深度是不够的。中国家族传承的难点，从短期来看应当是权杖交接，从长期来看更大的难点是文化相续，而希望也恰恰在于文化相续。

从三条线索去观察和实现家族传承问题的脉络是清楚了，但似乎又割裂了财富、权杖与文化的关系，也存在一些问题。所以，近年来我们更多地从家族力的角度进行了一些思考与实践。家族的生存力、发展力及价值力的强弱与差异，决定了不同的家族传承路径与格局。家族力的整体提升才是最终的解决方案。

要彻底把家族传承的问题搞清楚，必须开始去检讨家族财富传承的目标等基础性问题。家族财富保护、管理与传承的目标是什么？深刻思考后会发现——实现当下及未来家族成员内心的安宁、生存的尊严与行为的从容，这才是家族财富保护、管理与传承的根本目标。

如何才能实现安宁、尊严与从容呢？这就是当下家族要做的事情！不同的目标决定了不同的方向和实现路径，家族保护、管理与传承所展开的一切活动都应当围绕目标而展开。

传承之后接班人应当如何做呢？事实上，从近几年的家族传承实践来看，人们似乎忽略了这个同样关键的问题。家族应当对接班人如何实现家族企业的稳定与发展给予更多的关注，这方面的研究与实务似乎都是欠缺的。

　　上面回顾了一些关于家族传承等问题的思考、实践及研究的演进路径，这一切都来源于家族实践活动持续的推动，是一个不断提升甚至是异化的过程。

　　在大量的传承实践中可以越来越清楚地看到，如何认识和理解上述问题是家族思考并选择做什么与如何做的前提！

家族（企业）领导者应当高度关注的七个问题

在家族（企业）财富管理活动中，家族领导者的眼界、格局、认识和能力是重要的影响要素。家族领导者不仅眼界要高、格局要大、认识要准、能力要强，而且把握问题的节奏也要对。

大家更习惯于从家族视角对家族财富管理进行探讨，实际上从家族领导者、家族接班人等视角去思考和研究，也很有价值。就当下而言，有七个与家族财富管理有关的问题是家族领导者必须予以关注的：

明了 财富目标	实现 保障支持	确保 安全隔离
理解 工具价值	优化 权益结构	规划 传承路径

打通
三个层次

问题一：明了财富目标

除了财富规模、资产形态、血缘结构及内外环境等会影响家族财富管理实现路径外，财富目标是更为重要的影响因素。目标不仅决定了方向，也决定了路径。

目标存在短期、中期及长期的差异。长期目标确定后，中期目标和短期目标的确定是一个并不困难的技术问题。

问题的关键是家族领导者能够看透这个问题吗？有些人认同内心的安宁、行为的从容、生存的尊严才是财富管理的长远目标，但有的人的想法却与之大相径庭。

问题二：实现保障支持

从新冠病毒在全球的传播所透视出的全球态势来看，世界已经进入深层次的动荡期。这个时候实现家族、家族企业及家族成员的生存支持、生活支持、成长支持及发展支持是大多数家族应重点考虑的中短期规划，也是家族企业领导者必须关注和落实的重要内容。

问题三：确保安全隔离

家族领导者应从方向、路径、时间、空间及工具等多个维度进行风险管理体系的系统规划。考量要素越完整，规划安排越可靠。

确保安全隔离是当下必须考虑的，资产安全池的建立、资产安全人的保全永远比想象的更重要、更迫切，这是家族必须有的一个底。

问题四：理解工具价值

无论是结构性工具，还是非结构性工具，家族领导者都应当进行原则上的把握，其中的关键是要明白工具运用的基本逻辑。理解工具的综合运用与整体解决方案的因果关系，要特别注意结构性工具的价值及主导作用。

问题五：优化权益结构

家族领导者应当从三个维度上优化家族权益结构：打通家族、事业主体及组织内部的三层所有权结构；打通保护、控制权及传承结构；打通跨境家族所有权结构。这是一件大事，也是一件难事，是家族财富管理最重要的抓手。

问题六：规划传承路径

从权杖交接视角出发，要规划好接班人培养问题，在家族教育、传承规划、所有权结构上应做充分的投入和准备。

从财富传承视角出发，要规划好家族所有者的问题，核心内容是所有权政策、所有者教育及流动性管理制定与执行。

从文化相续视角出发，要解决家族价值的问题，持续关注家族文化养成与社会价值认同。

问题七：打通三个层次

家族领导者不同于普通家族成员，必须有整体解决方案的思维。把握私人财富管理、家族（企业）顶层结构设计及家族力整体提升，打通这三个财富层次是保障家族（企业）持续发展的关键路径。也就是说，家族领导者必须具有家族（企业）财富管理的整体规划意识与远见。

这七个问题虽是老生常谈，但家族领导者不仅要思考，而且必须时常问自己——我做了什么？这样才会有期待的局面出现。

权杖移交、非正常接班及所面对的挑战

无论是家族（企业）领导者还是接班人，对于家族（企业）传承的类型及可能出现的状况与挑战，都应有清醒的认识。

接班人承继家族企业有两种类型：

一种是规划下的继承安排，家族（企业）领导者根据家族的规划与意愿将权杖移交给下一代；另一种是家族（企业）领导者突然离世或丧失能力，继承人非正常接班。

权杖移交又分为生前传承和身后传承：

2017年10月"万向系"鲁冠球家族因鲁冠球先生去世引发的鲁伟鼎先生接班的传承事件，就应当理解为是一种权杖移交式的身后传承。

而"长和系"李嘉诚家族、"新希望"刘永好家族的传承则都属于生前传承。

权杖移交相对而言更为有序，但交接班后的家族企业能否稳定与持续发展却并不是确定的。譬如：目前来看，应当说鲁冠球家族的传承是比较顺利的，尤其是近期家族慈善信托的定制式构建的一些细节安排，证明了"万向系"权杖移交的效果；而罗邦鹏家族在二代接班后黯然退出海翔药业就非常令人痛惜。

非正常接班基本上都是身后传承，此种类型下的接班相对而言是无序且缺乏必要准备的，失败案例颇多。

比如山西闫吉英家族"三佳科技"的家族内斗、李海仓家族的"海鑫钢铁"的家业衰败等。当然也有相对成功的例子，如李裕杰家族非正常接班后"水星家纺"IPO顺利冲关。

总体来看，权杖移交成功率相对较高；而非正常接班成功率较低，甚至可以说成功是偶然的。

无论是权杖移交还是非正常接班，接班人所面对的根本挑战并无本质差异，差异在于接班人是否已经完成必要的准备、规划与安排。当然，接班人面对的挑战，也就是家族所面对的挑战，这是家族应当合力解决的问题。

接班人承继家族企业所面对的挑战是如何避免家族（企业）因交接班导致家族企业的衰败，具体挑战有三大类：

散与分　　　乱与斗　　　弱与失

第一类：散与分

强力家族领导人离开后，家族往往会失去或者在一段时间内失去核心。家族凝聚力减弱，家族人心无法继续真正凝聚在一起而散掉，甚至出现非正常的分家与分产现象，家族分崩离析，后果不堪设想。

第二类：乱与斗

这是最可怕的局面，对家族（企业）而言是一场噩梦。耳熟能详的香港铺记烧鹅甘穗辉家族传承后的长子支系与次子支系内斗就是令人十分唏嘘的案例。

由于缺乏有效的规划与安排，家族（企业）在心理、能力与路径上都没有完成必要的传承准备，由此家族陷入混乱，甚至陷于长期的内斗，最终导致家族力量消耗殆尽。

第三类：弱与失

"弱"讲的是接班人未必具备上一代家族领导人的能力及企业家精神，能力偏弱，无法引领家族企业持续发展。接班人接班后的所有权结构变化导致控制力减弱、控制权丧失的现象也不在少数，家族由此走向衰落，这就是"失"。

接班人承继家族企业后面对的每一个挑战都是巨大的。必要的规划、充分的准备、正确的方向、足够的能力及家族的团结都是应对挑战的基本条件，但更好的解决方案应当是如何预防这些局面的出现。

接班人应当修行的五门功课

家族力应当是家族及接班人关注的核心问题，家族力的整体提升是接班人接班后应当把握的总体行动方向。

要实现家族力的提升，接班人必须完成以下五门功课，这是对治家族（企业）所面临的散与分、乱与斗、弱与失等挑战的不二法门。

第一门功课：扎根家族情感，构建和合家族

在家族领导者离世、聚合力缺失的情形下，家族情感的凝聚、团结一致是接班人必须关注的基础性问题，这是家族共渡难关、面对挑战的前提。

对于家族而言，血缘与情感都是重要纽带，但血缘是一种偶然，而情感是相互付出与给予后的一种必然，家族情感一定是比血缘更重要的。扎根家族情感是每一个家族应当贯彻始终的重要宗旨。

情感管理与财富管理是同等重要的，应当说情感管理是家族接班人要修行的第一门功课。

第二门功课：厘清顶层结构，实现有效控制

家族传承必然会涉及所有权的更迭、调整与重构，接班人应当高度关注顶层结构设计和控制权问题。如果顶层结构安排失当，出现家族控制权减弱或控制权丧失的状况是大概率事件。

相应的安排既要具有合法性，符合法律价值；也要体现公平性，符合家族价值与社会价值；更要保证有效性，能够落地执行，并充分实现；还要有持续性，实现长远目标，满足长期规划。

值得注意的是，这个时候也要特别关注流动性的问题。

第三门功课：尽快完成交替，构建领导核心

接班人承继家族企业，就是一种世代交替。交替期不仅要保证平稳、避免动荡，还应尽快完成交替。

完成交替指的不仅是权力与财富交替的完成，更是心理交替的完成，较快形成全新的、有力的领导核心是家族稳定发展、步入新时代的关键。这个过程一定要稳中见快，过好心理关最重要。

第四门功课：坚持家族战略，创新驱动发展

家族持续与稳定发展的前提是家族应当具备清晰明确的家族（企业）战略与规划，这一点接班人是应当坚持的，不应轻言改变。

家族企业普遍处于转型升级期，而且社会环境、市场环境更是处于持续变动中，此时接班人也应当具有相应的创新精神与能力，不能死守陈规及教条。换句话说，处理好变与不变的平衡对于接班人而言是一个大考。

第五门功课：坚守核心价值，承担社会责任

家族最重要和最宝贵的是家族价值力，家族价值力来源于先辈的企业家精神、良好的家规家风和社会责任的承担。家族价值力是家族基业长青的根本，也是家族必须坚守的，更是家族接班人应当率先垂范的。

家族对于社会责任的承担是非常重要的，切莫忽视。这是家族和合、文化凝聚、社会尊重的基础，关乎家族的人力资本、文化资本与社会资本，是家族力提升的关键。

家族内部的普遍共识、家族成员的责任担当与共同的信仰是家族力的核心节点，而慈善是一条打通这三个节点的重要路径。

可以将上面所谈及的五门功课视作五味药，将接班人面对的挑战看成某种疾病，有病就要治病，没有病也要防病。每一种病的治疗、预防逻辑和用药是不同的，需对症施治。如果病多了，不可能一下子治好，需要先对主要

的病进行防治。

家族企业的交接班，不仅是对接班人的考验，更是对家族的考验；不仅是家族问题，更是一个社会问题。在内部聚力，向社会借力，这是接班人应有的能力。

接班人完成五门功课虽然不易，既需要规划，也需要努力，可能还需要一些运气，但是责任使然，接班人必须冲出去找到出路！

第26章

永远保持系统性的思考与实践
——家族（企业）财富管理的三个重要话题

必须深刻反思的几个家族财富管理问题

在信息爆炸的时代，面对各种滚滚而来的新东西，我们如何鉴别和选择、吸收和利用呢？这要求家族要有自己的财富管理理念、逻辑与体系，如此才能让家族既不会盲目激动，也不会轻易慌张，从而保持自己的节奏。

在这个阶段，家族冷静下来对一些问题进行不断反思很有必要。

如何应对转变与重构的新趋势？

彼得·德鲁克曾经说过："动荡时代最大的危险不是动荡本身，而是仍然用过去的逻辑做事。"

用合理的安排和代价，坚决拆除过去留下来的"炸弹"，不留尾巴；按照当下的逻辑去优化当下的财富管理行为，不产生新的风险；顺势而为，做一些全球视野的、能够应对全面合规的结构性安排。

如果能做到这几点，今天的转变与重构对家族而言就是一次巨大的机遇，家族应当义无反顾地抓住这个窗口期做一些有长远价值的事情，而不是见招拆招。

传承是不是家族财富管理的首要问题？

缺乏基本的安全与保障，没有所有权结构的有效支撑，家族财富的传承就如同空中楼阁，根本无法实现。

家族的当务之急是风险隔离与保障支持，这是一种负责任的"打底"，是一种"守"；重中之重是所有权结构的重构以及资产形态的转化，这是为未来创造可能，是一种"攻"。

家族现在应当做的基础性工作是全面梳理家族面对的风险，对外部风险进行有效清理，强化家族内部的治理，同时为整体布局做好必要准备。做到攻守平衡，不仅是当下，而应当贯穿于家族财富管理的始终，是根本之道。

如何发现家族财富管理的真正起点？

越宏大的诉求与目标越难以推动，家族就是在宏大诉求与目标中反复徘徊，耽误了最佳的财富管理启动时机，最终连最基本的财富诉求都无法实现。

家族共识的充分程度决定了家族事务的推动程度，在最迫切的诉求与最充分的共识之间平衡，才可以找到真正的起点。家族财富管理是一个在解决问题中不断发现新问题的过程，有了好的开始，后续的推动是水到渠成的。

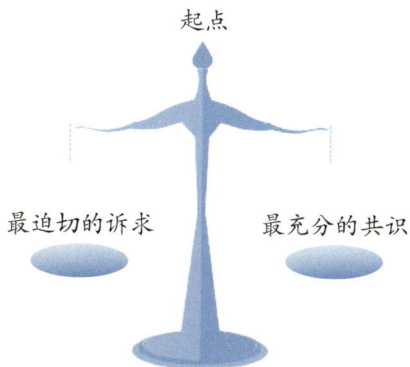

加强家族的情感管理与文化管理，凝聚共识是一个长期的家族任务，始终保持大方向认识的一致，逐步提升家族共识的深度和广度，应当永远处于进行之中。特别要避免因欲速则不达而导致的共识倒退，这对家族信心的损伤可能是致命的。

整体解决方案构建与落地的困难在哪里？

缺乏系统性思考的能力与清晰的价值判断，没有完整的逻辑框架体系，就不可能突破瓶颈，无法构建能够落地的家族（企业）财富管理整体解决方案。

财富管理逻辑与财富管理层次的打通；境内所有权结构与跨境所有权结构的打通；财富管理逻辑、技术、工具与实操的打通；家族与财富管理机构的打通；"物"与"我"的打通。

这些打通是当下家族应当去努力解决的问题，也是必须解决的问题，只有合家族之力，借专业之力才可能打开局面。

不断反思这四个问题，家族才能把握趋势、把握重点、把握起点并把握方向。一个家族如果能够用家族财富管理行为正确回答这四个问题，说明这个家族的财富管理已经走在正确的路上了。

家族（企业）财富管理的实战推动路径

家族（企业）财富管理有效的总体思路是：推动家族内部尤其是核心家族成员先行达成初步共识，进而达成关键家族（企业）事务的核心共识，最终形成普遍共识，并根据家族意愿及共识水平次第推动不同层次的解决方案，在此基础上落地整体解决方案。

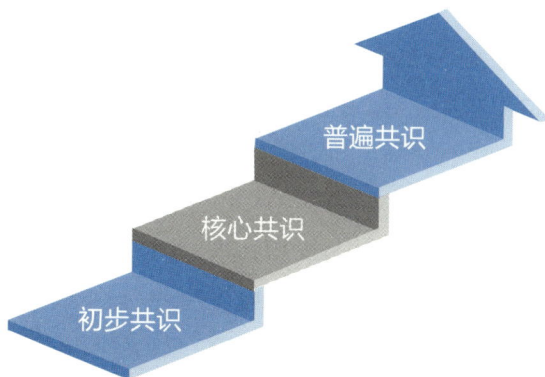

具体应按照下述路径推动：

1. 对家族（企业）产权进行系统梳理。对资产所有权、控制权、经营权及收益权的归属及现状总体把握，对家族特殊资产及家族路障进行厘清，并与家族战略、规划及意愿进行比较。对产权进行家族确权，并对产权无法回归的资产制定过渡性方案。

2. 在前期家族共识推动及产权梳理基础上，着手制定家族财富管理的原则性目标方案，并以此为基础制定细化的、局部的或不同层次的解决方案；同时，针对紧急事项启动紧急解决方案，但应保留与整体解决方案的衔接。

3. 以私人财富管理层次为入口，以家族领导人、关键人员、核心人员及其他家族成员为线索，确定重要及紧急财富管理事项，进行必要的安排；

同时根据当下状况及家族意愿，进行家族成员身份配置的优化，为后续方案的确定与实施做好准备。

4. 私人财富管理层次以人与资产双重风险隔离为考量要素和起点，先构建资产安全池，逐步完善风险管理体系。同时确保家族成员不同层次的保障与支持。如家族选择以结构性工具安排为主导，可推动风险隔离与保障支持诉求的同步实现。

5. 确定以家族（企业）顶层结构设计为核心的基本定位，着手构建家族控股公司，制定所有权结构优化与完善方案，以保护、控制与传承结构为视角，在家族及事业主体层面理顺所有权结构。在符合条件的板块或特定资产顶层尝试家族信托的运用，并在条件成熟时逐步扩大家族信托的运用场景。

6. 在家族所有权结构的优化与完善过程中，必然会涉及家族（企业）的治理问题，本着结构优先、机制协同的原则，搭建家族（企业）治理的初步框架，考虑设立家族委员会、家族办公室等家族治理机构，积累相应的家族（企业）治理经验。

7. 在家族治理机构运作基础上，根据需要逐步制定专项家族政策，如雇佣政策、保障政策、所有权政策等；同时，制定相应的内部管理规章，逐步完善家族治理机制。条件成熟时，制定家族宪法，并逐步提升家族（企业）治理水平。

8. 明确整体提升家族力的长远目标，以家族教育、家族慈善为抓手，整体提升家族人力资本、文化资本及社会资本的价值。尤其要重点关注家族文化的价值，从形文化、法文化、魂文化三个层面逐步养成和谐的、积极的、平衡的家族文化体系。

9. 扎根家族情感，承担社会责任，构建完善的家族生态系统。以全球人、财、事布局为视野，以在岸与中岸为两个核心舞台，以家业与事业为两条主线，以德法共治为方向，以尊严、从容、安宁为目标，实现家族（企业）的基业长青。

如果家族（企业）能够遵循这个实战思路，辅以合理的逻辑、路径、技术与工具，实现目标肯定是有保障的。

家族危机化解的本末之道

危机无处不在，每一次危机都是现场直播，没有彩排，也没有重新再演一次的机会，危机是每个家族（企业）都无法回避的问题。

这个问题在新冠病毒疫情之下进行讨论，可能感受会更加真切!

家族应直面危机，构建有效的危机管理体系，组建常态化的危机管理团队，形成有效的危机处理机制，积极对危机进行干预和处理，化解危机，乃至转危为机。

认识和把握危机的类型与特性对家族是一个基础性要求。家族（企业）的危机来源于诸多方面，可以从影响程度、对象、类型及能动性等多个方面进行分类和识别。

有一些危机也许是突然爆发的，有一些危机却孕育了很久，只是在某一个时间或某一个阶段集中爆发；有一些危机只要化解得法就可以很快过去，但有一些危机的化解本身就是一个相当漫长且困难的过程。

危机具有必然性与偶然性、未知性与可预测性、突发性与紧迫性、破坏性与建设性四组看似矛盾但又合理存在的特性。有几个需要特别关注的点：

1. 重大危机造成的影响巨大，自不待言；而一般危机处理不当，也会潜伏或直接转化为重大危机。

2. 缺乏必要的危机化解能力，家族企业、家族及家族成员的危机必然是相互传递的。

3. 很多危机以法律危机的形式呈现，法律危机与非法律危机往往是互相引发与关联的。

4. 主动引发与被动引发的危机后果并没有必然的差异，但危机管理的模式存在较大区别。

危机化解应有两个层面的考量：

一个层面是在必然发生前或者已经发生时如何进行危机管理；一个层面

是如何预防危机并构建完善的危机管理体系。

第一个层面可以理解为危机管理之末，涉及提前释放危机、有效化解危机、全面把控危机及设法转危为机四个方面的工作。

优化所有权结构	强化家族特殊资产
有效规划与安排	构建危机管理体系

第二个层面可以理解为危机管理之本，涉及优化家族所有权结构、强化家族特殊资产、有效规划与安排及构建危机管理体系四个方面，要求家族（企业）具备三个力量和一个体系：

1. 构建有效的所有权结构，合理配置保护、控制及传承结构。借此不仅可以预防危机的发生，更可获取危机管理的结构性力量。

2. 通过有效的家族治理，逐步养成文化、人力及社会资本等家族特殊资产，整体提升家族力，保有家族危机管理的基础性力量。

3. 进行有效的规划与安排，走在时间与人性前面，避免不应该发生的事情的发生，这是家族危机管理的前瞻性力量。

4. 危机的特性揭示了危机发生的必然，家族建立必要的危机管理机制，构建完善的危机管理体系，不仅重要而且刻不容缓。

本与末实际上是并存的危机化解之道，二者的结合才能形成完整的家族危机化解能力！

危机当然是一种巨大的压力，在压力之下才会有动力，才会有决心，才会有改变，才会有进步，才会有重生。

把坏事变成好事。这不仅应当是一种常态化的思维与逻辑，更应是一种必须具备的家族能力，也是家族应当具备的一种乐观的、积极的态度。

永远不要急于寻求现成的答案。找到对的逻辑，始终沿着对的路径走，在什么时候都可以找到对的答案！

第27章

遇见未来
——找到家族（企业）的前行之路

家族办公室的行业本质：家族立场与独立视角

研究家族（企业）顶层结构设计，寻找家族财富管理整体解决方案，家族办公室是一个无法回避的话题。从某种意义上讲，家族办公室本身就承载着家族财富管理整体解决方案制定者及执行者的双重使命。

了解家族办公室，不仅要回溯家族办公室在全球尤其是在中国的发展轨迹，同时也要充分理解当下家族办公室的现状，更为重要的是，对于家族办公室未来之路要有深刻的洞察。

在短短几年内中国的家族办公室显然已经成为一个颇具生命力的行业，发展速度之快是异乎寻常的，中国财富家族的迫切诉求一定是核心推动力量。

无论是强势发展的MFO（联合家族办公室），还是金融机构着力布局的VFO（虚拟家族办公室），抑或是家族关注的SFO（单一家族办公室），三类家族办公室依托各自的资源优势，注定会有不同的发展模式与演进趋势。同时，三类家族办公室将是相互合作、相互渗透且长期并存的，都将是未来家族财富管理市场最重要的参与者，这一个趋势是确定且被广泛认同的。

不可否认，三类家族办公室以一个或多个家族事务为核心服务，给出以人力资本、文化资本、社会资本及金融资本或者说家族力整体提升为对象的家族财富管理整体解决方案，这一点是不会改变的共同趋势。

其中最为值得注意的是，家族办公室将会在家族（企业）财富管理中枢的基础上，逐步向家族（企业）治理中枢深度转化，这就意味着家族办公室的价值将被全面发现，这也是行业价值的真正回归。

家族立场 ＋ 独立视角 ＝ 行业本质

毫无疑问，家族立场与独立视角是家族办公室的行业本质！它决定了家族办公室行业的未来，也决定了家族办公室之间的差异与价值。从长远来看，财富家族必须学会甄别，选择最契合的家族办公室进行长期合作。

对家族立场的甄别，要着重关注家族办公室本身的理念、价值取向、所有权结构、治理模式、决策流程、收费模式以及人员结构与客户关系等，这些有助于帮助家族辨别潜在的价值冲突与利益冲突。

对独立视角的甄别，则着重考察团队的专业能力、合作伙伴关系、过往服务经验以及对于家族情况的理解深度，这将有助于辨别家族办公室提供的意见的专业性、独立性与有效性。

家族立场、独立视角的内涵一定不只是利益的一致性，更根本的内涵应当是包括如何设身处地地为家族长期发展和整体利益最大化献策筹谋，不仅应当体现在利益冲突上有所不为，更应当在有利于家族的安排上有所作为；不仅要在解决问题上药到病除，更要在预防问题上未雨绸缪。

家族办公室是一个复杂而又精细的系统，相信能很好驾驭这个工具的财富家族，必将在时代起伏中无往而不利。

关于家族办公室，还有一些热点与趋势是值得长期关注的：

1. 对家族立场的回归与坚守，独立视角的巩固与发扬，实质上是对家族办公室应有的品质、信誉与行业公信力的维护，这一点已成为行业共识。

2. 本土化与全球化的平衡将更加充分，中国家族办公室必须坚守本土化，也需要且必须走向全球与国际接轨，中国式家族办公室能且仅能在本土的家族办公室中孕育而生。

3. 行业规范化不仅是一个趋势，而且也势在必行，有公信力的行业自律组织将会引领行业的发展。

4. 家族办公室类型的多向转换会更突出，一些MFO可能逐渐聚焦为单一家族提供全案服务，而一些成熟的SFO正在尝试扩张为MFO，为多个家族提供服务。

5. 优秀家族办公室将会融入去中心化的财富管理生态，掌握更可靠的整体解决方案的能力；未来的家族财富管理服务的竞争，一定不是单一机构间的竞争，而是生态间的竞争。

6. 家族办公室的定位、取向、逻辑、能力及服务的差异化不仅让家族办公室离开竞争，而且让各自找到自己准确的生态定位。

7. 在家族财富增长与投资方面，全球多元化、资本化、联合投资与社会责任投资也在成为关注核心。

治理中枢、家族立场，财富中枢、独立视角，做家族世代信任的同行者，这几个高度浓缩的概括大概能够回答家族办公室是谁、做什么、要到哪里去的问题了。

把握家族财富管理的3.0时代

深入观察中国家族财富管理市场的发展历程，会发现服务机构、家族诉求、服务逻辑、技术与工具等都有一个持续演进的过程，而且阶段性特征明显，我们非常有必要进行系统回顾，以便更好地把握其中的趋势。

根据一些核心特征，可以将家族财富管理大体划分为定义时代、工具时代及生态时代三个时代。

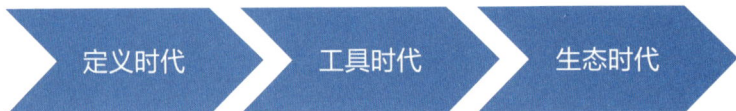

定义时代　　工具时代　　生态时代

1.0时代——定义时代

1.0时代指的是2010—2015年这个阶段。

特征一：发现、定义并切割出家族财富管理市场

家族的财富管理实际是长期存在的，但并没有被发现且定义出来，更没有被切割为一个独立的市场。在这个时代，财富管理机构都在自觉或不自觉地定义并切割这个市场，家族财富管理市场的价值被发现。

特征二：概念的引入与普及，家族诉求的激发与市场培育

大部分家族财富管理的理念、概念、工具被引入或被激活，包括家族办公室在内的新型财富管理模式被系统介绍给家族。伴随着家族的世代交替、所有权更迭及转型升级等挑战的集中到来，大量的市场行为有效激发了家族诉求，初步完成了市场培育。

特征三：单一家族诉求的阶段性满足

家族的真实诉求并没有被系统挖掘，再加上认识及能力上的限制，服务更多是围绕家族的单一诉求进行阶段性的满足。

1.0时代定义了家族财富管理市场，是奠基性的时代。

2.0时代——工具时代

家财富管理的2.0时代指的是2016—2017这个阶段。这个时代以工具为核心展开，完成了很多重要的行业实践。

特征一：结构性工具的价值被充分地发现

以家族信托为代表的结构性工具，被更深刻地认识，被机构与家族所普遍接受。结构性工具价值的发现，极大地丰富了家族财富管理的宏观视野与实现路径。

特征二："基因性"产品与客户诉求的匹配

这是一个产品导向的阶段，产品思维显然成为市场的主导。各类财富管理机构依据自己的"基因"优势，纷纷构建了自己的产品体系，尝试与市场及家族诉求的匹配。

特征三：财富管理工具得到了尝试性的打通

随着家族诉求的充分激发，机构与家族逐步认识到单一工具的局限，进而开始寻求财富管理工具的打通路径，试图找到更好的解决方案。由于家族财富管理逻辑没有真正打通，这个阶段依然是工具尝试性和局部的打通，如保险金信托等。

在2.0时代最为重要的是工具，所有的财富管理工具都悉数亮相，服务、产品及研究都围绕工具展开，2.0时代被称之为工具时代并不为过。

3.0时代——生态时代

家族财富管理的3.0时代指的是从2018年开始的这个阶段，这个阶段将延续相当长的时间，生态是这个阶段的主题词。在家族诉求被彻底激发的前提下，市场不仅在寻求家族财富管理的整体解决方案，而且也在努力探索正确的财富管理逻辑，以及超越机构边界的服务能力。

特征一：单点接入式的整体解决方案成为核心诉求

伴随着市场的全面成熟，家族财富管理整体解决方案已经成为家族的核心诉求。家族不仅对特定专业机构高度信任与依赖，而且也越来越聪明，不会面对多个机构来去做不断的选择，这样显然成本太高。家族通常会选择一个牵头机构作为入口，由该机构整合服务能力与资源完成整体解决方案，这就是我们所讲的单点接入。

特征二：家族财富管理层次和工具的全面打通

私人财富管理、家族（企业）顶层结构设计及家族力整体提升三个服务层次是无法割裂的，有效打通这三个层次才能真正得到整体解决方案。要实现三个财富管理层次的打通，家族财富管理工具的全面打通就成为一种必然要求，更成为一种核心能力。

特征三：去中心化的家族财富管理生态成为市场主体

单一机构无法具有所有的财富管理能力，家族需要的是整体解决方案，如何能够吸引最优的机构参与到市场活动中来？打破机构之间的边界，形成服务生态就成为一种应然。竞争不再是单一机构间的竞争，而是服务生态间的竞争。

在家族财富管理服务生态中，每一个机构都有自己的核心能力与资源，都是特定能力与资源的中心。从这个意义上讲，家族财富管理生态一定是去中心的，这也是生态的本质。

每一个机构都应当遵循"自我约束、互为主体；自我成长、关键能力；利他增上、价值共创；共生信仰、生态生长；长期主义、家族立场"的生态逻辑，在生态之中彼此成就，并用这种彼此成就与家族同行。只有融入最优的生态之中，才可以更好地服务于中国家族。这就是当下的时代——生态时代！

每一个时代都有特定的逻辑，都有特定的商业模式。在3.0时代如果依然以1.0时代或2.0时代的逻辑与模式面对家族财富管理市场，一定会头破血流，无法生存。所以说，在不同的时代思维不错位、行为不错位是一个首要问题。

在家族财富管理的3.0时代，要展现的并不是能力有多么的宽广，也不是能力多么的强大，而是能力有多精深。只有精深，才有进入最优家族财富管理生态的可能，核心能力的价值才更容易变现。这很有点小就是大、窄即是宽的味道。

当然，找到市场的节奏也是最为重要的，在3.0时代的家族财富管理整体解决方案中，顶层结构设计、跨境财富配置、全球全面合规将是核心主题，在这些核心领域中的某一个细分领域中的精深可能更有时代价值。

在3.0时代，定制式的服务和智能化的管理、家族办公室行业的充分发展、强势家族财富管理服务生态的确立都将是一种必然。只有把握3.0时代，才有可能进入未来的时代，才有可能享受未来的美好！

既要学会自由奔跑，也要学会自我约束

机构与家族同步聚焦于家族财富管理服务的强生态及与之相伴的整体解决方案是非常值得关注的一个现象，同时家族信托应用场景在境内外的扩张也是最大的热点。在这个时候，我们有必要重申一下家族信托的可能与边界，以小见大，借此可以透视家族财富管理的可能与边界。

家族信托是一个用"坚固与柔软"战胜时间和人性的财富管理工具，家族信托的工具价值事实上是由其合规性与价值性、家族性与系统性、持续性与可适性等六性所共同决定的，缺一不可。就这一点已经无须赘述。

在全球财富管理环境由"灰色"逐步转为"透明"的大背景下，家族（企业）及私人财富管理的定位、逻辑与价值正在发生深刻的转变，舞台、路径与结构正处于全面重构中，这是一个基本的趋势。就中国家族而言，家族信托在境内外有了更为丰富的应用场景，甚至可以说无所不在。这个时候，中国家族更应考虑的问题是——怎样才能做对家族信托，进而构建一个安全且有效的家族信托？

学会自由奔跑——大视野与小格局的无限可能

任何一个财富管理工具都是技术与制度斗争的结果，同时也是技术与人性博弈的手段。事实上，家族关于财富保护、管理与传承的任何诉求，在家族信托中都有实现的现实可能性。

家族信托既有作为最优家族（企业）顶层结构工具的大视野，也有举重若轻解决具体家族诉求的小格局，尤其是当家族信托与其他结构性工具、金融性工具、家族协议、意愿安排及身份配置等工具综合运用时，其结构价值将更为凸显。

在在岸、中岸、离岸及跨境的不同背景之下，家族信托向内可以实现内部治理模式的不断创新，实现纷繁复杂的特定需求；家族信托向上可以运用多种视角构建家族（企业）的顶层结构统领全局，凝聚家族力；家族信托向下可以以多种可能与家族的人、财、事对碰，以打通与阻隔、集中与分散、免除与递延等方式实现千差万别的具体财富目标。

从某种意义上说，对于今天的中国家族，家族信托的运用无论是向内、向外、向上还是向下，基本上依然处于初级玩家阶段。什么时候财富管理机构能够彻底摒弃产品思维，什么时候专业人士能够真正把握家族信托的逻辑，什么时候家族可以充分认识、理解并信任家族信托，家族信托的自由空间就会彻底打开。这个趋势虽然今天已经初露端倪，但离目标依然非常遥远。

学会自由奔跑，充分把握家族信托的家族性、系统性、持续性及可适性，家族信托将会有无限的可能。

学会自我约束——真正守住合规性与价值性边界

盲目的自由奔跑一定会让人迷失方向，甚至摔倒，这个时候冷静与自我约束十分重要。

家族信托的合规性，指的是符合法律法规的规范、行业的规范等，是设计家族信托不可逾越的规矩；而价值性指的是符合社会价值和法律精神，它帮助家族把握未来变化的方向及趋势。在家族信托的设计中，基本规矩和价值导向二者同样重要、不可或缺。有可能被击穿的永远不是信托制度，而是特定的逾越了规矩与价值的某一个信托，这个逻辑在全球范围内都是适用的。

合规性这一条线应当是底线，真正的家族信托边界并不应当划在这里，而要与这条边界保持适当的安全距离；价值性所确定的边界才是一条实线，这才是家族信托构建与运行过程中应当真正把握的边界。

自我约束是一种能力，具备这样能力的人才有可能遵守规矩、尊重价值；自我约束是一种远见，具有这种远见的人会得到更长久的尊重，从而有可能战胜时间；自我约束更是一种境界，约束了自我，看似舍弃，实则得到了"更为坚固的房子"，有失才有得。

实线与底线之间就是所谓的安全距离，如何把握可能决定于每一个家族的价值判断与现实选择，取决于家族自我约束的能力、远见与境界。

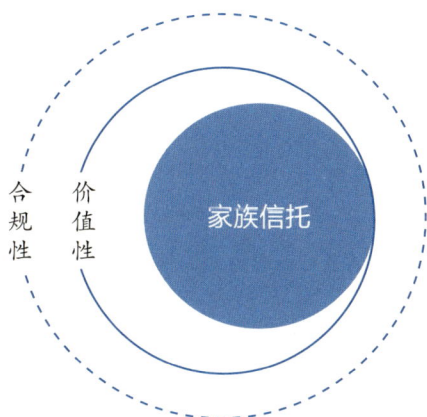

家族信托场景运用的扩张一定是持续的，必然会将家族信托变为一种财富家族的生活方式。只有懂得在自由与约束、舍弃与得到之间取得长期平衡的家族，才有可能与家族信托相伴成长。

专业机构有义务通过家族信托教育帮助家族实现这种长期的平衡，家族同样也应当在无限可能与自由边界之间找到自己的位置。可能与边界的平衡才是家族财富管理的安全之道。

转变与重构是家族（企业）财富管理的核心趋势

从全球范围来看，家族财富管理的"底色"在过去两年内发生了根本性变化，日趋透明，迎来了一个不可逆转的全球财富管理新时代。

当"全球金融风暴"已经来临的时刻，我们应当探讨的并不是要不要"建一所房子"或"多穿几件衣服"，以实现财富的基础性安全或避免财富的"裸奔"，我们面对的是更为现实的问题——还有没有机会"建一所房子"或"多穿几件衣服"？

在这个充满不确定性和挑战的国际政治、经济及法律环境背景下，家族应当把握哪些家族（企业）财富管理的趋势呢？家族应当如何转变与重构去应对这些趋势呢？以上都是家族必须把握并关注的核心问题。

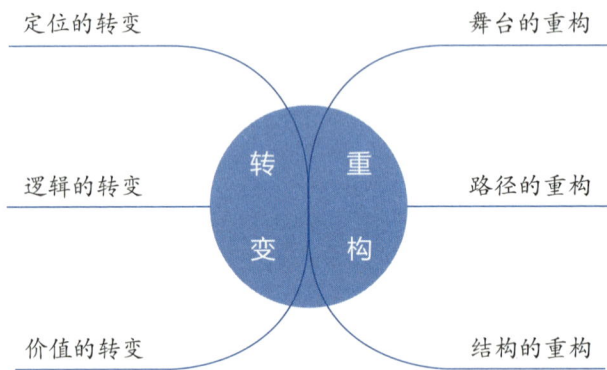

定位的转变——打通家族财富管理的三个层次

家族财富管理包括私人财富管理、家族（企业）顶层结构设计及家族力整体提升三个层次，而最终需要实现的一定是三个财富管理层次的打通。

从实践来看，早期的财富管理更多的是从私人财富管理层次出发，而当下大多数家族已经达成了从家族（企业）顶层结构设计这个层次作为起点进行家族财富管理的普遍共识。

这个定位的转变是非常有价值的，在顶层结构设计之下的私人财富管理无论是方向、路径还是具体安排上必然更加合理且有效，而且从这个层次出发才有可能尽快与家族力整体提升这个层次形成有效对接。当然，对于任何一个家族都是一样的——财富管理的最高层次必然是家族力的整体提升。

逻辑的转变——面对全球合规的现实挑战

从全球范围来看，制度体系已经"合围"，以不同时间、不同空间、不同身份的信息不对称为基础的财富管理逻辑已经无法成立，继之而来的是全球合规的挑战。

如何管理不同类型、不同程度的财富风险，进而实现既定的财富目标？从长远来看，全面合规将是家族财富管理的基本纪律和核心逻辑。

在全面合规的逻辑之下，识别并择取更优的财富管理工具、技术与路径，提升财富管理的根本安全与效率，这才是当下财富家族应当具备的基础能力。有合规的要求才有真正意义上的筹划。

价值的转变——财富管理3.0时代的选择

在财富管理的1.0时代——定义时代，财富管理市场更多关注的是市场价值；在财富管理的2.0时代——工具时代，财富管理市场更多关注的是产品价值；在当下的财富管理3.0时代——生态时代，财富管理市场更多关注的是能力价值。

家族基于自身诉求的全面实现，不仅对服务机构的能力价值具有更多的关注，而且已经具备了识别能力价值的基础能力。

同时，财富管理机构将围绕并依据自身特定的专业基因，凝聚并提升自身的特定专业能力，并依托能力价值融入财富管理服务生态，以生态的力量整合必要的专业能力，提供更有竞争力和价值的财富管理整体解决方案。选择财富管理的强生态提供服务是家族必然的选择，融入财富管理的强生态才是财富管理机构的出路。

舞台的重构——全球配置与中岸崛起

家族财富实际上包含了人、财、事三个层面在在岸、中岸、离岸的全

球配置。从目前的趋势来看，随着离岸优势空间的直接或间接被挤压，新加坡、中国香港等中岸作为家族财富管理境外BASE的价值已日趋凸显。

不仅越来越多的家族以在岸和中岸作为跨境双重顶层结构的安排来实现财富的全球配置，甚至有一些家族已经以中岸为核心构建起"单一"的财富管理顶层结构，这种财富管理舞台的重构所带来的影响是深远的，当然挑战也是巨大的。

路径的重构——整体解决方案的时代

随着财富管理定位与逻辑的转变，以及财富管理舞台的重构，家族财富管理已经进入整体解决方案的时代，路径的重构是必然的。

以以家族信托为代表的结构性工具及金融性工具为主导、以家族协议与意愿安排为补强、以身份配置与跨境配置为平衡的家族财富管理路径选择同样也是必然的。

在路径重构的过程中，家族信托的应用场景越来越丰富。作为家族财富管理顶层结构设计的核心，结构性工具的价值将被彻底释放。

结构的重构——所有权结构的再布局

在转变与重构的趋势背景下，家族（企业）所有权结构的重构是必然的。家族财富的所有权、控制权、经营权及收益权将会在全球范围内的更大舞台上进行再布局。

家族不仅关注家族财富的保护结构、控制权结构，也高度关注传承结构的安排；就家族经营性资产而言，家族不仅关注家族层面的所有权结构，同时也关注事业主体及组织内部的所有权结构；进而，家族对于跨境的所有权结构特别的关注，源于家族深刻意识到跨境结构是舞台转换的关键所在。

家族财富管理定位、逻辑及价值转变，家族财富管理舞台、路径及结构的重构，这是一个确定无疑的趋势。选择在趋势之中，还是在趋势之外，决定了每一个家族未来的不同命运！

让我们共同祝福中国家族！

微信扫码，加入【本书话题交流群】
与同读本书的读者，讨论本书相关话题，交流阅读心得

家族（企业）法律筹划、
税务筹划及财富管理的领先实践系列

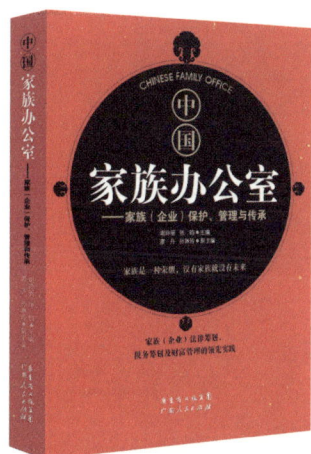

中国家族办公室

家族（企业）保护、管理与传承

谢玲丽　张　钧　主编

家族信托

全球视野下的构建与运用

谢玲丽　张　钧　李海铭　著

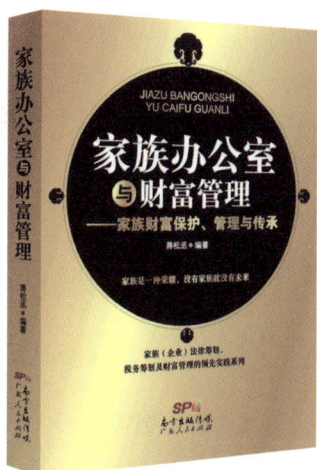

家族办公室与财富管理

家族财富保护、管理与传承

蒋松丞　编著

公司法律顾问服务指引

有形化、标准化、产品化的最佳实践

张钧　谢玲丽　廖　丹　著

家族（企业）治理与财富管理实战系列

对话家族信托

财富家族定制信托的 21 篇实战案例

张　钧　谢玲丽　李海铭　著

对话私人财富管理

财富家族保护、管理与传承的 21 篇实战案例

谢玲丽　张晓初　高梓怡　曹章莹　著

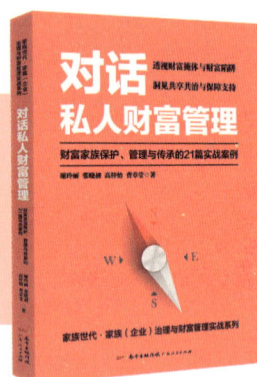

对话家族顶层结构

家族财富管理整体解决方案的 27 堂课

张　钧　蒋松丞　张东兰　赖逸凡　胡　弯　著

本书配有能够帮助你
提高阅读效率的线上服务

建议配合二维码一起使用本书

扫码后，你可以获得
以下线上服务：

01
本书立享服务

★ 本书话题交流群

每周专享服务
02

★ 经管智库
★ 同类好书推荐

03
长期尊享权益

★ 推荐同城/省会/邻近直辖市优
  质线下活动